示范校重点专业建设成果教材
职业教育技能型实用人才培养系列规划教材

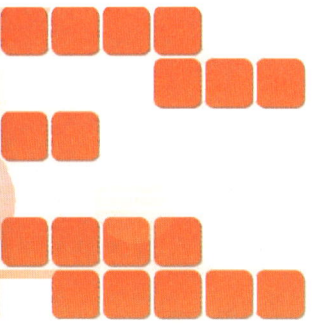

CHENGSHI GUIDAO JIAOTONG

城市轨道交通事故处理

SHIGU CHULI

主　编　孙纪胜　袁　佳
副主编　杨　睿　李德鹏

西南交通大学出版社
·成　都·

图书在版编目（CIP）数据

城市轨道交通事故处理 / 孙纪胜，袁佳主编. —成都：西南交通大学出版社，2019.1（2023.1 重印）
示范校重点专业建设成果教材　职业教育技能型实用人才培养系列规划教材
ISBN 978-7-5643-6535-6

Ⅰ. ①城… Ⅱ. ①孙… ②袁… Ⅲ. ①城市铁路 – 轨道交通 – 交通事故 – 事故处理 – 职业教育 – 教材　Ⅳ. ①U239.5

中国版本图书馆 CIP 数据核字（2018）第 254941 号

示范校重点专业建设成果教材
职业教育技能型实用人才培养系列规划教材

城市轨道交通事故处理

主编　孙纪胜　袁　佳

责任编辑	周　杨
封面设计	何东琳设计工作室

出版发行	西南交通大学出版社 （四川省成都市二环路北一段 111 号 西南交通大学创新大厦 21 楼）
邮政编码	610031
发行部电话	028-87600564　028-87600533
网址	http://www.xnjdcbs.com
印刷	四川煤田地质制图印务有限责任公司

成品尺寸	185 mm × 260 mm
印张	7.5
字数	156 千
版次	2019 年 1 月第 1 版
印次	2023 年 1 月第 3 次
定价	35.00 元
书号	ISBN 978-7-5643-6535-6

课件咨询电话：028-81435775
图书如有印装质量问题　本社负责退换
版权所有　盗版必究　举报电话：028-87600562

市级中职示范校重点专业建设教材编写委员会

主　任　李　灿　彭　超
副主任　钟晓芬　田跃红
委　员（以姓氏拼音排序）

蔡　继	陈茂贤	蔡咏梅	邓文杰	戴　鑫	邓　宇
何　川	何加龙	何　鹏	黄永波	姜　雪	蒋　勇
匡　鹏	康元博	林　波	李　广	罗宏亮	刘　君
李进才	李施其	罗　潇	李小燕	李　怡	刘永平
彭月秋	庞远智	邱川鄂	任金花	冉原野	孙　静
苏　峻	孙纪胜	帅　林	涂　波	谭　忱	唐艳红
唐　炽	温承钦	吴　刚	王　焦	汪　亮	吴　鹏
王　谦	蔚衍娟	谢文静	夏晓波	肖应刚	杨昌玉
尹红安	袁　佳	杨　杰	杨炎锋	郑才敏	郑国秀
周海涛	赵甲进	张　余	张云川	张芸聆	周益权
张　睿					

总 序

近 5 年来，国家先后颁布了《国务院关于加快发展现代职业教育的决定》（国发〔2014〕19 号）、《国家教育事业发展"十三五"规划》（国发〔2017〕4 号）、《国务院办公厅关于深化产教融合的若干意见》（国办发〔2017〕95 号），重庆市为贯彻落实国家颁布的相关政策文件，特制定了《重庆市人民政府关于加快发展现代职业教育的实施意见》（渝府发〔2015〕17 号）等政策文件，大力推进职业教育改革发展。

为积极响应国家政策，更好地适应重庆经济转型和产业结构调整的需要，2014 年，重庆市教委、市人力社保局、市财政局决定实施市级中等职业教育改革发展示范学校建设计划，2014—2016 年，在全市范围内重点支持建设不超过 30 所市级中等职业教育改革发展示范学校。项目学校通过人才培养模式改革、专业课程体系建设、校企合作、师资队伍建设等，促进学校改革创新、内涵发展，成为全市中等职业学校改革创新的示范、提高质量的示范、办出特色的示范，在中等职业教育改革发展中发挥引领骨干和辐射作用，为经济社会发展培养高素质劳动者和高技能技术人才。

2016 年 8 月，重庆市公共交通技工学校成功申报为市级中职示范校项目建设学校。经过两年的建设，在课程改革和教材建设上取得了可喜成绩，为进一步总结经验，固化成果，特组织骨干教师编写了 20 余门系列优质课程配套教材，并交由西南交通大学出版社审核出版。

本系列教材是在相关企业专家的悉心指导以及参与下完成的。教材以强化学生职业能力和培养综合素质为主线，以工作过程为导向，以典型工作任务和生产项目为载体，立足行业岗位要求，参照相关职业资格标准和行业技术标准，遵循中职学生成长规律、中职教育规律和行业生产规律进行开发建设。教材按照项目导向、任务驱动、模拟情境等教学模式要求，构建学习任务单元，注重学生可持续发展能力、创新能力、综合技术能力的培养，具有典型的工学结合特征。

本系列教材是重庆市公共交通技工学校不断深化教学改革的结果，更是市级中职示范校建设的一项重要成果，其中凝聚了各位编审人员的大量心血与智慧，也凝聚了众多行业专家的智慧。同时，在编写过程中得到了有关兄弟院校的大力支持，在此一并表示诚挚感谢！希望该系列教材的出版能有助于促进中职相关专业人才培养质量的提高，能为交通运输类职业院校的教材建设起到积极的引领和示范作用。本系列教材涉及专业面广，加之编者对现代职业教育理念的学习和认知仍需不断地改进和提高，书中难免存在不妥之处，恳请专家、同行不吝赐教，以促使我们不断提高教材编写的质量和水平。

李 灿

2018 年 5 月

前言 PREFACE

目前，我国城市轨道交通事业正处于发展的黄金时期，国内有40多座城市都建设了地铁和轻轨，这种不占用地面空间的交通工具为人类的出行带来了巨大的方便。无危则安，对于城市轨道交通企业来说，安全是企业在运营管理、生产活动中的永恒话题。

1941年美国著名的安全工程师海因里希统计了55万件机械事故，其中死亡、重伤事故1 666件，轻伤48 334件，其余则为无伤害事故。从而得出一个重要结论，即在机械事故中，死亡、重伤、轻伤和无伤害事故的比例为1:29:300，国际上把这一法则称为事故法则。这个法则说明，在机械生产过程中，每发生330起意外事件，有300件未产生人员伤害，29件造成人员轻伤，1件导致重伤或死亡。城市轨道交通是一个复杂的技术系统，它不仅是多种技术的联合体，同时也不可缺少人为控制管理，事物的偶然性和人的缺点以及种种客观因素都会导致事故的发生，对人民生命财产造成重大的伤害。"前车之鉴，后事之师"，我们回顾以往，吸取教训，在本书中引入了大量的案例，分析了事故案例的原因，需要我们时刻敲响警钟。

本书以城市轨道交通的各类事故为切入点，主要分为三个模块：城市轨道交通事故认知、不同类型事故案例的认知、特殊类型事故案例的认知。参加本书编写的有重庆市公共交通技工学校孙纪胜（项目一、二）、袁佳（项目七、八）、兰州交通大学杨睿（项目三、四）、李德鹏（项目五、六）。

由于编者水平有限，加之时间仓促，书中难免有不妥之处，敬请专家学者以及广大读者批评指正。

编 者
2018年5月

目录 CONTENTS

模块一 城市轨道交通事故认知

项目一 城市轨道交通事故的概念和分类 ……………………………… 3
　　任务一　事故概念的认知 ………………………………………………… 3
　　任务二　事故分类和等级划分的认知 …………………………………… 6
　　任务三　事故特征的认知 ………………………………………………… 10

项目二 城市轨道交通事故案例启示 …………………………………… 13
　　任务一　1987年11月18日伦敦地铁站火灾事故案例启示 …………… 13
　　任务二　2006年10月17日罗马地铁列车追撞事故案例启示 ………… 15
　　任务三　2007年4月2日广州地铁3号线列车脱轨事故案例启示 …… 16
　　任务四　2007年7月5日上海地铁2号线夹人事故案例启示 ………… 17
　　任务五　2008年1月21日新加坡地铁车辆相撞事故案例启示 ……… 17
　　任务六　2009年12月22日上海地铁1号线列车撞车事故案例启示 … 18

模块二 不同类型事故案例认知

项目三 自然灾害引发的事故 ……………………………………………… 21
　　任务一　2004年12月26日斯里兰卡海啸掀翻列车事故 …………… 21
　　任务二　2005年10月29日印度列车脱轨事故 ……………………… 30
　　任务三　2007年2月28日乌鲁木齐至阿克苏5807次列车脱轨事故 … 33
　　任务四　2008年7月4日雨水倒灌北京地铁5号线事故 …………… 37
　　任务五　2009年7月29日广西列车脱轨事故 ………………………… 41
　　任务六　2010年5月23日上海南至桂林K859次列车脱轨事故 …… 44

项目四 运营管理失误引发的事故 ……………………………………… 47
　　任务一　2011年9月27日上海地铁10号线追尾事故 ……………… 48

任务二　2013年7月24日西班牙高铁列车颠覆事故 …………… 52
　　任务三　2013年1月8日昆明地铁脱轨事故 …………………… 57

项目五　运营人员失误引发的事故 ……………………………………… **61**
　　任务一　1997年4月29日京广线荣家湾列车相撞事故 ………… 61
　　任务二　2002年4月23日美国加利福尼亚火车脱轨事故 ……… 68
　　任务三　2004年4月22日朝鲜龙川火车相撞事故 ……………… 69
　　任务四　2005年4月25日日本火车与汽车相撞事故 …………… 71
　　任务五　2006年1月23日黑山共和国列车脱轨坠入山谷事故 … 73
　　任务六　2008年1月23日北京至青岛D59次列车路外交通事故 … 74

项目六　设备原因引发的事故 …………………………………………… **76**
　　任务一　2012年9月22日广州地铁2号线南浦站突发故障事故 · 76
　　任务二　2012年6月11日南京地铁1号线供电设备故障事故 …… 79
　　任务三　2012年11月22日韩国釜山地铁追尾事故 ……………… 80
　　任务四　2012年7月4日某地铁3号线屏蔽门爆裂事故 ………… 82
　　任务五　2012年12月7日西安地铁突发故障事故 ……………… 84
　　任务六　2013年1月19日杭州地铁1号线列车抛锚事故 ……… 85

模块三　特殊类型事故案例认知

项目七　携带违禁物品引发的事故 ……………………………………… **89**
　　任务一　1980年2月19日南阳至郑州410次列车爆炸事故 ……… 90
　　任务二　1981年10月20日加格达奇至三棵树274次列车
　　　　　　爆炸事故 ……………………………………………………… 91
　　任务三　1984年12月18日武昌至广州247次列车爆炸事故 …… 92

  任务四 2010年3月29日莫斯科地铁两次爆炸事故 …………………… 94

项目八 设备不良引发的事故 ……………………………………………… **96**
  任务一 2005年11月21日北京地铁13号线列车脱轨事故 ……… 97
  任务二 2006年7月3日西班牙地铁列车出轨事故 ………………… 99
  任务三 2009年6月23日美国华盛顿地铁相撞事故 ………………… 100
  任务四 2011年7月5日北京地铁4号线电梯事故 …………………… 101
  任务五 2011年12月15日新加坡地铁设备故障事故 ……………… 103
  任务六 2013年7月12日巴黎城际列车脱轨事故 …………………… 105

参考文献 ………………………………………………………………………… 107

模块一　城市轨道交通事故认知

　　本模块主要介绍事故的概念、分类、特征以及引发事故的诸种因素,并引用了典型的案例,介绍了案例带给我们的启示,以对城市轨道交通的性质有一个深刻的了解,能够掌握城市轨道交通事故的概念,使学生能够了解城市轨道交通安全管理的必要性以及事故的种类、特点、特征,了解事故与事故之间的关系以及引发事故的必然性。

项目一

城市轨道交通事故的概念和分类

本项目主要使学生掌握城市轨道交通的概念、事故的种类及特点。结合城市轨道交通性质对事故进行全面的认知,了解到城市轨道交通安全管理的重要性和特殊性,并从城市轨道交通安全的角度分析引发事故的因素,通过典型案例梳理事故引发的原因。

1. 能阐述事故的概念和特点,了解事故的种类。
2. 通过城市轨道交通的性质分析事故容易发生的原因及引发因素。
3. 通过分析典型案例,形成分析事故原因的思维方式。

任务一 事故概念的认知

一、事故的概念

发生在预期之外的造成人身伤害或财产、经济损失的事件称为事故,即事故是发生在人们的生产、生活活动中的意外事件。

具体来说,事故是人或集体在实现某种意图而进行的活动过程中,突然发生的、不以人的意志为转移、迫使活动暂时或永久停止、或迫使之前存续的状态发生暂时或永久性改变的事件。事故的含义包括：

（1）事故是一种发生在人类生产、生活活动中的特殊事件，人类的任何生产、生活活动过程中都可能发生事故。

（2）事故是一种突然发生的、出乎人们意料的意外事件。由于导致事故发生的原因非常复杂，往往包括许多偶然因素，因而事故的发生具有随机性。在一起事故发生之前，人们无法准确地预测什么时候、什么地方会发生什么样的事故。

（3）事故是一种迫使进行着的生产、生活活动暂时或永久停止的事件。事故中断、终止人们正常活动的进行，必然给人们的生产、生活带来某种形式的影响。因此，事故是一种违背人们意志的事件，是人们不希望发生的事件。

事故是一种动态事件，它开始于危险的激化，并以一系列原因事件按一定的逻辑顺序流经系统而造成损失，即事故是指造成人员伤害、死亡、职业病或设备设施等财产损失和其他损失的意外事件。企业实际生产中常见的是生产事故和设备事故。生产事故是指生产经营活动（包括与生产经营有关的活动）过程中，突然发生的伤害人身安全和健康或者损坏设备、设施或者造成经济损失，导致原活动暂时中止或永远终止的意外事件。我们主要学习的就是生产事故。设备事故是指正式投运的设备，在生产过程中由于设备零件、构件损坏使生产突然中断或造成能源供应中断、设备损坏使生产中断。

简而言之，事故是在以人为主体的系统中，在为了实现某一意图而采取行动的过程中，突然发生的与人的希望和意志相反的事件。事故迫使人们必须依照一定的规则来设计、安排生产进程和生活方式。

二、安全的概念

安全就是在生产活动过程中，能将人或物控制在一种平衡的状态。安全是指没有受到威胁、没有危险、危害、损失。人类的整体与生存环境资源的和谐相处，互相不伤害，不存在危险、危害的隐患，是免除了不可接受的损害风险的状态。安全是在人类生产过程中，将系统的运行状态对人类的生命、财产、环境可能产生的损害控制在人类能接受水平以下的状态。如果事物的发展打破了平衡态，即为不安全。该定义有以下含义：

（1）安全一般是指生产领域的安全问题，既不涉及国家安全、军事安全和社会安全，也不涉及疾病、人身意外等。

（2）安全是对于某种事物发展过程的状态描述，它不是瞬间的结果。

（3）绝对的安全是不存在的，安全都是相对的。

（4）安全与危险是构成安全问题的矛盾双方，事故是已然发生的，与危险不同。危险只是存在发生事故的倾向性。

三、安全与事故的关系

从表面上看,安全与事故是互相矛盾的,其实不然,安全与事故不仅有辩证关系而且相辅相成。安全管理是手段,消除事故隐患是目的。如果安全管理没有做到实处,安全措施没有得到及时落实,安全规章制度没有得到重视,那么安全事故就会在身边缠绕,威胁着人的生命安全。

安全管理与安全事故是此消彼长的。如果我们放松了安全管理,忽视了安全操作规程,那么事故隐患就会悄悄来临。如果我们重视了安全管理,时刻注意对安全隐患与事故的防范,从自身做起,搞好个人安全防护工作,那么安全事故就会远离我们的生活与工作。

从众多安全事故的案例中我们能看出,有些安全事故的发生是有偶然性和必然性的。正因为事故具有的突发性与意外性,这就要求我们的安全管理人员与职工要时刻绷紧安全生产这根弦,牢固树立"安全第一,预防为主,综合治理"的安全生产方针,以扎实的工作作风做好各自负责的安全管理工作。

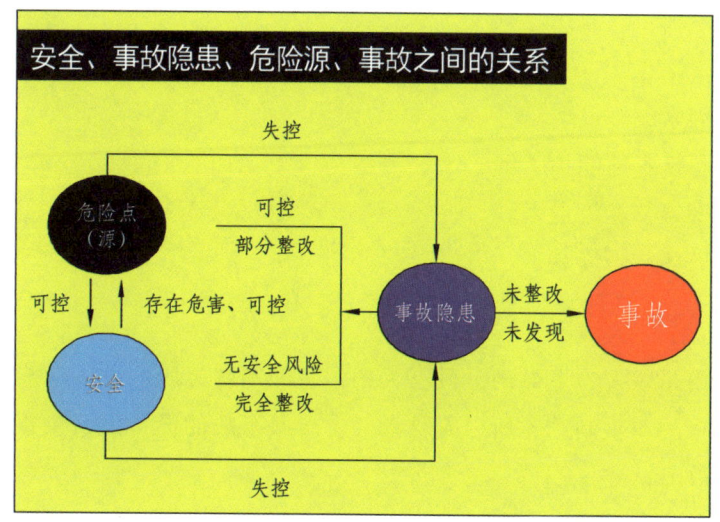

图 1.1

1. 什么是事故?
2. 事故的含义包括哪些内容?
3. 安全的定义是什么?该定义中包含哪些含义?

任务二　事故分类和等级划分的认知

一、事故的分类

（一）按照事故引发因素不同分类

1．人为因素

任何一个系统都是极其复杂的，在工程系统中，人、机、环境是非常重要的三个要素。机器的运行由人来主导并按照客观环境来设置。人本身是一个矛盾的主体，它既受外部客观环境的限制，又具有主观能动性。在意外情况发生时，人可以做出合理的判断和处置方法，从而将损失降到最低。

导致事故的人为因素有以下七种：

（1）违章作业；

（2）业务不精；

（3）判断失误；

（4）身体因素；

（5）对设备技术性能不了解；

（6）人群密集、客流量大；

（7）故意破坏、恐怖袭击。

2．设备因素

设备的使用是以人为主导的，没有人的主观能动就无所谓设备功能的实现。由于设备受环境和人的双重制约，所以是被动的。导致事故的设备因素主要有：

（1）设备故障；

（2）新设备状态不稳定；

（3）设备潜在的安全隐患。

3．天气因素

一切大气的物理现象都为天气因素，如下雨、打雷、闪电、雪、云、风等。客观因素是无法控制的，只能根据客观条件，合理控制设备。导致事故的天气因素主要有：

（1）风、雨、雷、电、雾的影响；

（2）气温和湿度的影响。

图1.2

（二）城市轨道交通险性事故及其构成条件

1．险性事故

事故性质严重，但尚未造成损害后果或损害后果未能构成一般事故及其以上的事故称为险性事故。

2．构成条件

（1）运营线列车冲突。

（2）运营线列车脱轨。

（3）运营线列车分离。

（4）列车冒进禁行信号。

（5）未经允许列车载客进入非运营线。

（6）列车反方向运行未经引导自行进站。

（7）列车擅自退行。

（8）列车、车辆溜走。

（9）列车运行中擅自切除车载安全防护装置。

（10）列车错开车门。

（11）列车未关闭车门行车。

（12）列车运行中开启车门。

（13）列车夹人行车。

（14）列车运行中，齿轮箱吊挂装置、关节轴承销轴、空压机、牵引电机等部件脱落。

（15）电话闭塞出站，信号故障时无凭证发车。

（16）擅自向未具备封锁条件的区间接发列车或擅自向封锁区间接发列车。

（17）未办或错办闭塞接发列车。

（18）行车或电力指挥通信联络系统中断。

（19）信号升级显示。

（20）供电系统操作中发生错送电、漏停电。

（21）运营中车站照明全部熄灭。

（22）给水干管位移侵限、爆裂跑水。
（23）排水不畅，积水漫过道床。
（24）地铁排雨泵站设备故障，雨水不能排出中断列车运行。
（25）运营中走行轨由轨头到轨底贯通断裂。
（26）运营线路几何尺寸超限。
（27）轨道线路发生胀轨跑道影响运营。
（28）擅自触动、移动站台电视监视车门设备，影响正常使用。
（29）未按规定撤除接地保护装置。
（30）漏检、漏修或维修不到位发生重大安全隐患，危及运营安全。
（31）其他（性质严重的运营故障、安全隐患，经公司运营安全委员会认定，列入本项）。

符合以上条件之一的都为险性事故。

（三）风险分类

风险是指不利事件或事故发生的的概率及其损失的组合，根据风险损失可分为以下5种类型：

（1）人员伤亡风险；
（2）环境影响风险；
（3）经济损失风险；
（4）工期延误风险；
（5）社会影响风险；

二、事故等级的划分

（一）普通生产安全事故的等级划分

根据《生产安全事故报告和调查处理条例》第三条的有关规定，生产安全事故一般分为以下四个等级：

1. 特别重大事故

（1）一次造成30人以上（含30人）死亡；
（2）一次造成100人以上（含100人）重伤（包括急性工业中毒）；
（3）一次造成1亿元以上（含1亿元）直接经济损失。

2. 重大事故

（1）一次造成10～29人死亡；
（2）一次造成50～99人重伤（包括急性工业中毒）；
（3）一次造成5 000万元～1亿元直接经济损失。

3．较大事故

（1）一次造成 3～9 人死亡；

（2）一次造成 10～49 人重伤（包括急性工业中毒）；

（3）一次造成 1 000 万元～5 000 万元直接经济损失。

4．一般事故

（1）一次造成 1～2 人死亡；

（2）一次造成 1～9 人重伤（包括急性工业中毒）；

（3）一次造成 100 万元～1 000 万元直接经济损失。

需要说明的是，《生产安全事故报告和调查处理条例》在规定事故一般分为上述四个等级的同时，也规定针对一些行业或者领域事故的实际情况，国务院安全生产监督管理部门可以会同国务院有关部门，制定事故等级划分的补充性规定。这样规定，体现了原则性和灵活性的统一，符合实际情况。

（二）城市轨道交通运营安全事故划分

城市轨道交通运营安全事故划分见表1.1，具体划分依据包括：

（1）行车事故或事件；

（2）列车延误；

（3）财产损失。

表 1.1

事故等级	危害程度		
	人身伤亡	直接经济损失	行车事故
特别重大事故	死亡30人及以上	1 000万元及以上	—
重大事故	死亡3人以上或重伤5人及以上	500万元及以上	中断行车时间 $t \geq 180$ min
大事故	死亡1～3人或重伤3人及以上	100万元～500万元	中断行车时间 60 min $\leq t <$ 180 min
险性事故	—	—	1. 列车冲突、脱轨、分离或运行中重要部件脱落； 2. 列车冒进信号、擅自退行或溜车； 3. 向占用闭塞区段发车； 4. 列车错开车门、夹人走车、开门走车或运行中开启车门； 5. 线路或车辆超限界
一般事故	重伤1～2人	1万元及以上	中断行车时间 20 min $\leq t <$ 60 min

注：1．危害程度同时满足其中两项或两项以上条件者取最严重的条件作为事故等级划分依据。

2．中断行车时间为 20 min $\leq t <$ 40 min 时，计1起一般事故；40 min $\leq t <$ 60 min 时，计2起一般事故。

3．每次事故轻伤1人时计0.3起一般事故。

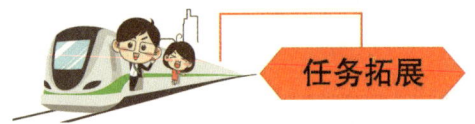

1. 引发事故的因素有哪些？
2. 什么是险性事故？城市轨道交通中险性事故构成的条件有哪些？
3. 生产安全事故分为哪几个等级？

任务三 事故特征的认知

一、事故特征的属性

无论是进行安全科学研究还是企业安全管理，都要通过对事故进行研究进而找到事故发生的本质原因与发展规律并加以控制，但仅仅通过观察一些表面现象来认识事故是不可能实现的。因此，我们必须透过现象看本质，在各类事故中找到共有的、本质性的东西才能认识事故，而这类本质性的东西就是事故的基本特性。大量的事故调查、统计、分析表明，事故有着其自身特有的属性。掌握和研究这些特性，对于指导人们认识事故、了解事故和预防事故具有重要意义。

1. 因果性、条件性和规律性

某一现象作为另一现象发生的根据即两种现象的关联性，如教育不充分、管理上的缺陷和物质环境的不安全因素，其结合的结果将导致事故。

2. 偶然性、必然性和可防性

从本质上讲，事故属于在一定条件下，可能发生，也可能不发生，随时间推进产生的某些意外情况而显现的随机事件。当不安全因素事件充分集合时，事故必然发生。只有做到防患于未然，才能防止事故发生。

3. 潜在性、再现性和预测性

事故潜在于安全隐患之中，安全工作就是发现事故的潜在性，根除其隐患，使之不再现。把人作为主体，可以在自然的客体中进行事故预测，并不断提高预测的可靠性，这就是人们要进行事故调查分析，按"三不放过"原则处理的道理。

4. 前兆性、爆发性和扑灭性

快速抢救，及时扑灭，积极防止事故，这是我们安全工作的一项重要任务。

5．可预防性

现代工业生产系统是人造系统，这种客观实际给预防事故提供了基本的前提。所以说，任何事故从理论和客观上讲，都是可预防的。认识这一特性，对坚定信念，防止事故发生有促进作用。因此，人类应该通过各种合理的对策和努力，从根本上消除事故发生的隐患，把工业事故的发生降低到最小限度。

6．突变性

系统由安全状态转化为事故状态实际上是一种突变现象。事故一旦发生，往往十分突然，令人措手不及。因此，制定事故预案，加强应急救援训练，提高作业人员的应急反应能力和应急救援水平，对于减少人员伤亡和财产损失尤为重要。

事故和事故后果是互为因果的两件事情，由于事故的发生产生了某种事故后果。但是在日常生产、生活中，人们往往把事故和事故后果看作一件事件，这是不正确的。之所以产生这种认识，是因为事故的后果，特别是引起严重伤害或损失的事故后果，给人的印象非常深刻，相应地注意了带来某种严重后果的事故；相反的，当事故带来的后果非常轻微，没有引起人们注意的时候，人们也就忽略了事故。因此，应从防止事故发生和控制事故的严重后果两方面来预防事故。

另一个值得注意的是事故与刑事案件的区别。事故是非预谋性事件，而刑事案件是有目的、有预谋的；事故显然也有人员伤亡，但是事故责任人从主观上并不希望事故后果出现，因此与刑事案件有本质的区别。事故调查与处理和刑事案件的侦察与处理从手段、立案依据等方面有本质的区别。

二、事故系统的四个要素

1．人

人的不安全行为是事故产生的最直接的因素。

2．机器

机器的不安全状态也是事故产生的直接原因。机器是由各种金属和非金属部件组装成的装置，消耗能源，可以运转、做功。它是用来代替人的劳动、进行能量变换、信息处理以及产生有用功。机器贯穿在人类历史的全过程中。

3．环境

不良的生产环境影响人的行为，同时对机械设备产生不良的作用。

4．管理

管理是人类各种组织活动中最普通和最重要的一种活动。近百年来，人们把研究管理活动所形成的管理基本原理和方法统称为管理学。作为一种知识体系，管理学是管理思想、管理原理、管理技能和方法的综合。随着管理实践的发展，管理学不断充实其内容，成为指导人们开展各种管理活动、有效达到管理目的的指南。

城市轨道交通系统是一个在时间、空间上分布很广的开放的动态系统，轨道交通运营安全影响因素很多，而且错综复杂，有系统内部的和外部的，也有人为的和自然引起的，总体归纳起来有五种因素，人、机、料（材料）、法（管理）、环境。其中，人既是影响安全的一种因素，又是防护对象；设备、材料既是影响安全的因素，又是保障安全的物质基础；环境既可能是影响安全的灾害因素，又是应予保护的社会财富。

在认真思考人、机、环境、管理四个要素本身特性的基础上，不单纯着眼于个别要素的优良与否，而是将使用"物"的人和所设计的"物"以及人与"物"所共处的环境作为一个系统来研究。在人机工程学中将这个系统称为"人-机-环境"系统。在这个系统中，人、机、环境三个要素之间相互作用、相互依存的关系决定着系统总体的性能。

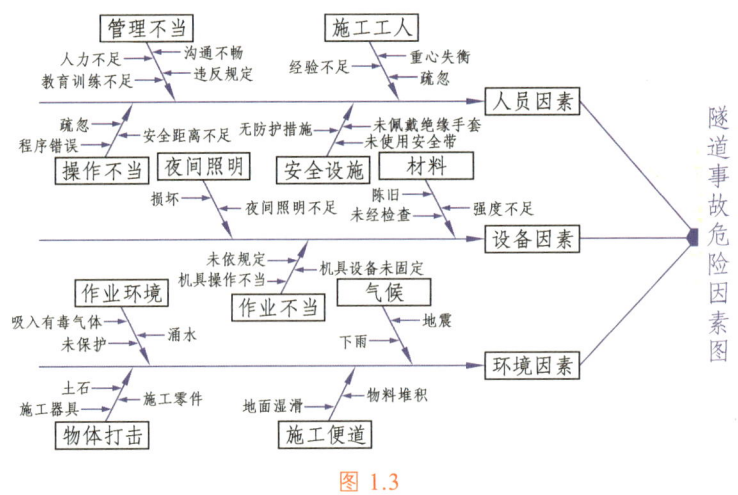

图 1.3

1. 简述事故特征具有哪些方面？
2. 简述事故与刑事案件的区别。
3. 论述事故系统的四个要素。
4. 简述人-机-环境-管理之间的关系。

项目二

城市轨道交通事故案例启示

本项目主要列举许多真实案例,通过对案例的经过、原因的分析,使学生能够认识到城市轨道交通事故带来的启示,形成安全管理思维,以及通过对事故原因的分析,找出事故的预防措施并能够在实际工作中加以应用。

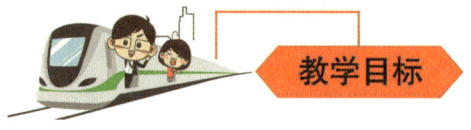

1. 熟悉城市轨道交通事故发生的原因。
2. 了解事故预防的途径和要求。
3. 掌握列车运行事故的处理程序及内容。

任务一 1987年11月18日伦敦地铁站火灾事故案例启示

一、事故回顾

伦敦地铁公司经营着世界上最古老、最复杂的地下铁路。从1863年以来,已经有9条独立的线路,总长度为418 km,共有270个车站,其中130个车站在地下。君王十字车站是英国最大的地铁车站,一共有5条地铁线路在站内交汇,并与英国的国家铁路系统紧密衔接。同时它也是通往英国东北地区和苏格兰的 5 条主要的地铁干线的汇合点，每天都要接纳数以万计的乘客。

1987 年 11 月 18 日，格林时间 19 点 30 分，伦敦最繁忙的君王十字地铁站发生重大火灾，造成 32 人（其中包含消防队中队长）死亡，100 多人受伤（包含 6 名消防员）。这是地铁史上继 1903 年巴黎地铁发生死亡 84 人的大火后的又一起罕见事故，震惊世界，引起了各国消防、地铁等管理部门的高度关注。伊丽莎白女王二世对这一起灾难性事件表示震惊，英国首相撒切尔夫人亲自到事故现场察看情况并前往医院探视伤员。

君王十字地铁站的大火是从一个自动扶梯下面的机房开始烧起来的，火势范围迅速扩大，浓烟滚滚。当时车站大厅和站台的乘客都乱作一团。大火发生后，消防队立即接到报警，迅速启动仓促赶来，由于没有及时充分地获得地铁通道分布图和消防防护设备，他们的灭火工作一直受阻。消防员不顾火势猛烈、烟熏缭绕，进入地铁车站抢救乘客，结果消防队中队长和一名消防员死亡，多人受伤，烈火燃烧了 4 个多小时才被控制。

二、原因分析

（1）据警方调查，大火是由于电梯下面堆积的垃圾被电梯的发动机所打出的火星点燃引起的，也有人说是由于丢弃尚未熄灭的烟头引起的。

（2）继牛津地铁站火灾后，专家们建议在地铁安装烟雾探测器、火警报警器和自动喷水灭火系统等防火措施，改进地铁出口路线，但地铁部门由于经费有限，没有采纳这些建议，从而造成了悲剧。而且伦敦地铁站缺少最基本的安全设施，完整的应急预案也没有。

（3）地铁工作人员的突发应急意识有待提升。

三、知识链接

烟雾探测器也被称为感烟式火灾探测器、烟感探测器、感烟探测器、烟感探头和烟感传感器，主要应用于消防系统，在安防系统建设中也有应用，如图 2.1 和图 2.2 所示。

图 2.1　烟雾探测器

图 2.2　火警报警器

任务二　2006 年 10 月 17 日罗马地铁列车追撞事故案例启示

一、事故回顾

2006 年 10 月 17 日，罗马时间上午 9:37，罗马地铁 A 线一列车异常驶入艾曼纽二世车站，撞击停靠在月台的另一列车，导致两列列车前后车厢缠结在一起，很多乘客都会扭卷在车厢中，现场十分混乱，烟雾弥漫，照明功能全部丧失，两列车车厢毁坏变形。事故造成 2 人死亡，113 人受伤，其中 7 人重伤，死伤人员都在前列车的最后一节车厢中。

二、原因分析

事后罗马地铁立即展开了调查，有关调查结果及事故原因分析如下：

（1）受损两列车皆为上线不到一年的新车，没有机件故障迹象，基本排除车辆故障导致事故发生这一原因。

（2）根据肇事列车司机员与行控中心的通联记录以及地铁公司人员表示，司机是接到行控中心指示越过红灯继续前进的。（当运量较大时，此类调度可被接受，司机员被授权保持警觉以不高于 15 km/h 的速度行进，事故后经调查列车相撞时的速度约 30 km/h）

（3）罗马运输部已成立项目委员会深入调查，首要之务即为解读肇事列车之行车纪录器数据，但最后调查结果未做报道所以不详。

任务三　2007年4月2日广州地铁3号线列车脱轨事故案例启示

一、事故回顾

2007年4月2日，广州轨道3号线03016车在天河客运站折返时发生脱轨，造成两转向架轮对脱轨掉道。当天，大石OCC通知启动正线挤岔应急处理，相关领导及各相关部门抢险人员立即赶赴现场，组织现场抢险。为了减小对正线运营的影响，总部决定，三号线一岗顶上下行线9列车双线单向运行，广州东至体育西郊路2列车双线单向运行。次日，3A22区送电成功，天河客运站下行站台具备客运列车运行条件。8时，现场抢修全部结束，设备恢复正常，线路出清。9时，三号线恢复正常运营。

图2.3

二、原因分析

（1）0517列车司机没有确认信号机的显示和道岔开通方向，驾驶列车并越过信号机红灯和道岔是造成事故的直接原因。

（2）列车在折返线运行时，司机没有及时发现列车运行方向的错误，在列车进入道岔四开状态时肯定有明显的阻滞和响声，司机没有及时发现并采取措施。

任务四　2007年7月5日上海地铁2号线夹人事故案例启示

一、事故回顾

2007年7月5日晚，上海市地铁2号线中山公园站开往浦东方向的某列车正在关门，列车警示用蜂鸣器一同响起，一名中年妇女在车门即将关闭时，将手伸入车门中想要强行上车导致手腕被夹伤。站务员发现后，上前帮助该乘客，但未能解决。列车起动带动该乘客，造成该乘客与安全防护栏撞击跌落在站台上，后经抢救无效死亡。

二、原因分析

（1）司机在关闭车门的过程中，没有确认好车门与屏蔽门之间的间隙是否安全关闭就动车，这是主要原因。

（2）站务员发现该情况后，应及时用对讲呼叫司机，后应立即通知值班站长，司机没有听取对讲机，也没有留意站台情况，臆测起动车辆。

任务五　2008年1月21日新加坡地铁车辆相撞事故案例启示

一、事故回顾

2008年1月21日，新加坡地铁东西线两列车相撞，事故造成5万多名乘客受事故影响，中断了8个多小时运行。事故发生后，地铁部门立即启动应急预案，组织修复路线，导致该线沿途多个车站停止运行，新加坡地铁紧急调动70辆巴士为地铁乘客提供接送服务。

二、原因分析

施工人员在停放机车时，只使用主制动器而没有使用机车停放制动器和轮胎阻塞物，导致机车退行溜放。

任务六 2009 年 12 月 22 日上海地铁 1 号线列车撞车事故案例启示

一、事故回顾

2009 年 12 月 22 日,上海地铁 1 号线陕西南路至人民广场区间突然供电网跳闸,造成区间列车停止运行。地铁运营管理部门立即采取应急措施,组织部分线路交路运行。7 时,富锦路至上海火车站小交折返段,中山北路站往上海火车站下行的某列车行驶近上海火车站时,司机发现信号灯为红灯,立即紧急制动,随后系统发出 0 的速度码,由于制动系统有响应时间,列车速度上升为 63 km/h 后开始下降。7 时 02 分该列车与对面行驶列车发生侧面冲撞,造成相对方向列车驾驶室车头损坏,第一节车厢的转向架轮对脱轨,所幸未造成人员伤亡。

图 2.4

二、原因分析

(1)调查组认为,在运营管理部门因供电故障、采取临时非正常交路折返的情况下,信号系统向列车发出速度码是主要事故原因。

(2)事后对信号系统进行测试,未发现任何异常,该事故是个较特殊的事故。

模块二 不同类型事故案例认知

项目三

自然灾害引发的事故

由于自然灾害经常发生,其对轨道交通的正常运营也产生了许多不可估量的影响。本项目通过分析自然灾害而引发的轨道交通事故,让大家逐步认知自然灾害的分类及破坏力,以及对轨道交通运营的影响。暴雪、暴雨、大雾等异常气候会影响轨道交通正常运营,而地震、雷电等则会对轨道交通产生破坏性伤害。因此,学习自然灾害的重要性不言而喻,通过分析具体案例可使同学们逐步掌握自然灾害对轨道的影响,能够分析具体原因,并提出相关处理措施。

1. 掌握城市轨道交通中恶劣天气的分类。
2. 理解恶劣天气与自然灾害中各部门的应急处理方法。
3. 理解不同恶劣天气与自然灾害中各运营岗位员工的应急处理措施。

任务一　2004年12月26日斯里兰卡海啸掀翻列车事故

一、事故回顾

2004年12月26日上午9点,海啸造成斯里兰卡发生火车出轨事故,"海洋女王"

号列车正行驶在距离斯里兰卡西海岸 200 m 左右的铁轨上，巨大的海浪突然袭来将火车掀翻，铁轨也被海水淹没，根据事故现场附近最高房顶的痕迹看，当时海浪至少有 6 m 高，导致 1 700 多人死亡，是世界上最严重的火车事故，死亡人数超过 1981 年发生在印度的火车出轨事故。

图 3.1

二、原因分析

1．事故原因

2004 年 12 月 26 日，大地震引发的印度洋海啸几乎横扫了印度洋沿岸数千公里内的城镇村庄，23 万人死难，使它成为历史上最致命的五大地震之一。因为受灾面积过大，仅以印尼亚齐省重建为例。国际社会向亚齐省提供了 80 亿美元重建资金。

此次海啸的波及范围达到 6 个时区之广，仅次于 1960 年智利大地震所引起的海啸。肯尼亚、索马里、毛里求斯、法属留尼旺、塞舌尔、马尔代夫、印度、孟加拉国、斯里兰卡、缅甸、澳属科科斯（基灵）群岛、印度尼西亚（西部）、泰国、马来西亚和新加坡都遭遇了海啸的冲击，导致不同程度的人员伤亡和经济损失。

当地人过百年没遇过海啸，因此对海啸缺乏认识，更不用说从各种先兆预知海啸将近。亦由于此，印度洋沿岸各国（地区）并不重视海啸的威胁，没有建立有效的海啸预警系统。

2．事故等级划分

此次事故导致 1 700 多人死亡，是世界上最严重的火车事故，按我国事故等级标准，属于事故等中的特别重大事故。

三、知识链接

1. 恶劣天气的分类

对城市轨道交通系统的正常运营可能造成不良影响的恶劣天气和自然灾害主要包括：强风、雷电、暴雨、冰雪、大雾、高温、地震等。强风可能使车站及区间设备变形倒塌；雷电可能使得道床排水不畅而造成水淹钢轨，还可能引发路基下沉、护坡倒塌等；冰雪可能使道岔转不到位，造成列车无法折返；高温可能会使钢轨出现涨轨、跑道现象，还可能会有员工中暑或病患乘客在车站晕倒；出现强风、暴雨、冰雪时，乘客会长时间滞留车站，运营结束时无法清站；地震更是有可能带来列车脱轨以及线路、站房等基础设施损毁等严重后果。因此，如何克服恶劣天气与自然灾害的影响，确保城市轨道交通在各种不利条件下的安全运营，是城市轨道交通运营人员要必须面对的问题。

按恶劣天气对运营的影响程度，一般可将其划分为一级和二级。

一级是对运营影响重大，可能造成人员伤亡或设备设施损坏，影响正常运营的恶劣气候（包括红色冰雪、红色及橙色大风、红色大雾、持续两小时以上暴雨、零下 10 ℃霜冻、冰雹）。

二级是指对运营影响重大的其他恶劣气候（包括黄色及橙色冰雪、黄色及蓝色大风、黄色及橙色大雾、持续 1 小时以上 2 小时以内暴雨、零下 10 ℃至零下 5 ℃霜冻、冰雹）。

天气颜色预警分类见表 3.1。

表 3.1

天气预警级别	蓝色	黄色	橙色	红色
冰雪	—	预计 12 小时内出现或已出现对交通有很大影响的冰雪	预计 6 小时内出现或已出现对交通有很大影响的冰雪，并可能持续	预计 2 小时内出现或已出现对交通有很大影响的冰雪，并可能持续
大风	预计 24 小时内出现 6～7 级大风，并有可能持续	预计 12 小时内出现 8～9 级大风，并有可能持续	预计 6 小时内出现 10～11 级大风，并有可能持续	预计 6 小时内出现 12 级以上大风，并有可能持续
大雾	—	预计 12 小时内，出现能见度≤500 m 的浓雾，或已出现 200～500 m 的浓雾，并有可能持续	预计 6 小时内，出现能见度≤200 m 的浓雾，或已出现 50～200 m 的浓雾，并有可能持续	预计 2 小时内，出现能见度≤50 m 的浓雾，或已出现≤50 m 的强浓雾，并有可能持续
台风	24 小时内可能受热带气旋影响，平均风力可达 6 级以上并有可能持续	24 小时内可能受热带气旋影响，平均风力可达 8 级以上并有可能持续	12 小时内可能受热带气旋影响，平均风力可达 10 级以上并有可能持续	12 小时内可能或者已经受台风影响，平均风力可达 12 级以上并有可能持续

历年国内外城市轨道交通发生的由恶劣天气与自然灾害引起的事故统计见表 3.2。

表 3.2

事故时间	事故地点	事故原因	事故影响
1985 年 9 月 19 日	墨西哥墨西哥城	地震（8.1 级）	地铁侧墙与底层结构出现分离破坏
1995 年 1 月 17 日	日本神户	地震	5 座车站、3 km 隧道遭到严重破坏，经济损失 300 亿日元
2001 年 9 月	中国台北捷运	台风	台北捷运高架线路长时间停运
2003 年 5 月 26 日	日本仙台	地震	仙台地铁全线停运
2007 年 7 月 17 日	中国重庆轻轨	雷击	供电设备破坏、部分区间断电、部分线路停运达 7 h
2007 年 8 月 8 日	美国纽约地铁	雨水倒灌	多条地下线被淹，19 座车站受淹关闭，纽约地铁系统瘫痪 5 个多小时
2008 年 4 月 9 日	中国上海地铁	10 级大风	上海轨道交通 3 号线限速运营 0.5 h

恶劣天气与自然灾害中各部门的应急处理办法：

在城市轨道交通运营中出现恶劣天气与自然灾害时，运营指挥人员应控制事故区域，快速处置，尽快恢复，减少影响，最大限度地减少人员伤亡和财产损失，保证正常运营。相关人员应及时做好信息汇报，内容主要包括：事故发生时间、地点、影响程度、已采取的措施、后续跟进措施及事故处理进展等。

（1）调度中心的应急处理措施。

（2）通知全线列车、车站及相关部门天气情况，并要求车站及司机在线路加强瞭望，注意区间及车站设备情况，要求司机按照规定的速度运行。组织车辆基地做好加开备用车的准备工作。

（3）通知相关人员赶赴可能出现灾害的车站待命。

（4）通知相关部门派人添乘列车检查设备情况，做好抢修抢险的准备工作，通知抢险汽车在车辆基地待命。

（5）通知车站及机电人员对环控设备进行监控，密切留意水泵运行情况及区间水位报警情况。

（6）通知供电人员加强对地面主变电所及牵引变电所的巡视，密切注意暴雨、雷电对地面线路接触网的影响。

2．车站的应急处理措施

（1）与调度中心加强联系，严格执行行车调度员命令。

（2）随时与现场保持联系，掌握现场动态，及时向调度中心汇报现场最新动态。

（3）做好乘客服务工作，采取广播、现场解释及引导等各种措施，稳定乘客情绪，维持现场秩序，尽力保证乘客安全。

（4）协助现场处置机构全力进行救援抢险工作。

（5）遇恶劣天气能见度不足 140 m 时，站台安全员应在确认后一单元列车车门完全关闭，并无夹人夹物后，向司机显示"好了"手信号。

3．司机的应急处理措施

（1）遇恶劣天气能见度不足 100 m 时，司机必须鸣笛进站，并将现场情况及时汇报行车调度员。

（2）按行车调度员命令，地面车站及高架站运行的列车，进站之前改用 SM 模式驾驶，进站限速 35 km/h。

（3）与站台安全员加强联系，列车发车之前，须确认站台安全员显示"好了"手信号。

4．其他部门的应急处理措施

（1）各部门应及时召集相关人员，准备好抢险工具及备件适时启动相关预案。

（2）加强对各自场所设施的检查力度，发现问题及时整治。

（3）根据现场实际，停止相应的危险作业。

（4）遇 35 ℃ 以上高温时，按行车调度员命令工务部门每隔两小时派人添乘列车巡查一次，如发现有涨轨现象，应立即汇报行车调度员发布限度 25 km/h 命令，如发现已经出现涨轨现象，应立即汇报行车调度员发布停止运营的命令。

（5）遇雨雪冰冻天气，按行车调度员命令，由供电部门在运营前安排人员对接触网等相关设备进行检查。如冰冻无法铲除，应立即汇报行车调度员发布停止运营的命令。

（6）遇 10 级及其以上大风时，相关部门应立即汇报行车调度员发布停止运营的命令。

5．不同恶劣天气与自然灾害的应急处理措施

1）发生地震时

（1）运营指挥人员的应急处理原则。

地震灾害发生后的应急处理工作应遵循高度集中、统一指挥的原则。各单位、各部门要听从指挥和分工，各司其职，各负其责。在具体工作中要抓主要矛盾，做到先全面、后局部；先救人、后救物；先抢修通信、供电等要害部位、后一般设施。

地震灾害发生后，调度中心应根据当时震感及各站上报的震情及时汇报，做出准确判断，报有关领导决策；发布局部或全线停运命令，安排疏散乘客、救援遇险列车、抢险设备等事宜。

由于通信、供电等原因，调度中心无法指挥时，各站长、值班站长有责任担当指挥和做好自救工作。在震情小时后，运营指挥人员应根据需要和设备损坏情况，在确保安全的情况下，尽快开通线路，恢复局部线路运营。

（2）各岗位人员应采取的自救和救援措施。

一旦发生地震，应沉着冷静，果断逃生、救护乘客是最重要的原则。

车站工作人员应就近选择桌上、床下、墙角等较安全的位置紧急避险，而后积极开展疏导乘客、救护伤员及组织乘客自救互救工作。

设备值班人员应关闭正在操作的设备，切断身边的电源，就近选择较安全的位置，紧急避险。

当班的列车司机应立即采取紧急措施制动车辆，减少车辆自身动能与地震能量叠加，地震过程中若发现列车受损、接触网断线及照明中断，应使用应急照明查明周围的情况，采用有效的措施与调度中心或邻站值班站长联系，报告情况，以求得救援和行动指令。在孤立无援的最困难条件下，列车司机是组织该列车所载乘客避险逃生的负责人，应立即采取一切可能的措施安抚乘客，组织乘客有步骤、有组织地脱离险境。

行车调度员、电力调度员、变电站、变电所值班人员等关键岗位人员，就近选择进安全的位置紧急避险后，还要坚守岗位，立即进入抗震抢险救灾状态，采取一切可能措施减少地震损失。同时着手点查和收集管辖范围内人员、设备、设施损失状况，速将险情及初步救援方案向有关领导汇报。

2）因洪水和暴雨导致区间线路出现积水时

（1）调度中心的应急处理措施。

① 随时了解积水和列车运营状况。

② 通知各部门启动暴雨应急预案，做好防暴雨的工作。

③ 必要时向车站发布相关的运营服务信息。

④ 接报县情报告，及时通知各部门，根据情况要求派出抢险队。

⑤ 通知相关影响的车站做好乘客服务工作。

⑥ 必要时下达关闭不具备安全运营条件车站的命令。

⑦ 组织具备运行条件的区段维持运营。

⑧ 必要时，通知公交接驳。

（2）车辆基地的应急处理措施。

① 及时向行车调度人员汇报车辆基地的最新水位状况。

② 如有影响到车辆出入车辆基地的情况，立即报告行车调度员。

③ 组织车辆运行条件的区段行车，保证正线运营用车。

④ 发现或接到险情报告，立即通知相关人员或分部抢险队赶赴现场处理。

（3）车站的应急处理措施。

① 及时向行车调度员汇报车站受暴雨影响的情况。

② 做好防暴雨工作。

③ 加强出入口的巡视，注意出入口地面的积水情况。

④ 密切监视车站的水位状况。

⑤ 做好聚集在车站及出入口避雨的乘客疏散工作。

⑥ 必要时调集站务、机电、保洁等驻站人员做好抗洪准备。
⑦ 若发现或接报水灾等险情后，确认现场情况，及时报告行车调度员，封锁现场。
⑧ 及时关水阀，并通知机电值班人员紧急处理。
⑨ 必要时疏散站内乘客，向行车调度员请求关闭车站及负责关闭车站的工作。
⑩ 协助抢险人员进行处理。

（4）其他部门的应急处理措施。
① 根据情况召集抢险队员，准备好抢险工、器具及备件，随时待命。
② 特大暴雨时，除特殊原因外应停止室外作业。
③ 物资部门及时制定有效的防范措施，保护好部内物料，加派人员值班，配合各部门及时补充应急物资的需求。
④ 发现或接报因排水不畅造成水浸车站、钢轨等险情，根据情况及时向调度中心请求相关抢险队赶赴现场处理，及时将现场情况向调度中心报告。

3）地面、高架线路出现大雾天气时
（1）调度中心的应急处理措施。
① 随时了解雾情和列车运营状况。
② 通知各部门启动大雾气候预案。
③ 必要时向车站、司机发布相关的运营服务信息，如列车驾驶模式的变更、列车速度的限制等。
④ 接报险情报告，及时通知各部门，根据情况要求派出抢险队。
⑤ 通知相关受影响的车站做好乘客服务工作。
⑥ 必要时下达关闭不具备安全运营条件车站的命令。
⑦ 组织具备运行条件的区段维持运营。

（2）车辆基地的应急处理措施。
① 及时向行车调度员汇报车辆基地的最新雾情。
② 如有影响到车辆出入车辆基地的情况，立即报告行车调度员。
③ 组织具备车辆运行条件的区段行车，保证正线运营用车。
④ 发现或接报险情报告，立即通知相关工作人员或分部抢险队赶赴现场处理。
⑤ 配合其他抢险工作。

4）出现强风天气时
（1）调度中心的应急处理措施。
① 必要时向主管领导汇报，请求下达停止地面车站运营服务命令，组织具备运行条件的区间维持运营。
② 向车站发布相关的运营服务信息。
③ 通知相关影响的车站做好顾客服务工作。
④ 若发现或接报险情报告，及时通知各部门，根据情况要求派出抢险队，组织安全运营。

（2）车辆基地的应急处理措施。

① 组织车辆基地各类车辆避风。

② 若发现或接报险情报告，立刻确认设备情况，及时采取应急措施。

③ 根据情况通知车辆基地抢险队，赶赴现场处理。

④ 配合抢险其他工作。

（3）车站的应急处理措施。

① 车站接到行车调度员关站命令后，立刻执行关闭车站程序，退出运营服务。

② 各车站实施防风应急措施。

③ 根据情况关闭管辖的广告灯箱电源。

④ 及时向行车调度员汇报车站、线路的最新情况。

⑤ 若发现车站出入口被强风破坏等险情，及时封锁现场，根据情况关闭受影响的出入口，并报行车调度员备案，协助抢险人员处理。

5）冬季线路出现积雪时

（1）调度中心的应急处理措施。

① 及时了解积雪和列车运营状况。

② 通知各部门启动冰雪气候预案，做好防冻工作和运营前的准备工作，如检查信号、道岔的工作状态、轨道的积雪情况、接触网的状态等。

③ 必要时向车站、司机发布运营服务信息，如驾驶模式的变更、列车速度的限制等。

④ 接报险情报告，及时通知各部门，根据情况要求派出抢险队。

⑤ 通知相关影响的车站做好乘客服务工作。

⑥ 必要时下达关闭不具备安全运营条件的车站命令。

⑦ 组织具备运行条件的区间维持运营。

⑧ 必要时，通知公交接驳。

（2）车辆基地的应急处理措施。

① 及时向行车调度员汇报车辆基地的最新冰雪情况。

② 如有影响到车辆出入车辆基地的情况，立即报告行车调度员。

③ 组织具备车辆运行条件的区段行车，保证正线运营用车。

④ 发现或接报险情报告，立即通知相关人员或分部抢险队赶赴现场处理。

⑤ 配合其他抢险工作。

（3）车站的应急处理措施。

① 及时向行车调度员汇报车站的最新冰雪情况。

② 做好防冻工作。

③ 加强出入口的巡视，注意出入口地面的冰雪情况。

④ 必要时调集站务、机电、保洁等驻站人员做好防冻工作。

⑤ 若发现或接报冰冻险情后，确认现场情况，及时报告行车调度员，封锁现场。

⑥ 必要时疏散站内乘客，向行车调度员请求关闭车站及关闭车站的工作。

⑦ 协助抢险人员进行处理。

6）出现高温天气时

（1）调度中心的应急处理措施。

① 随时了解高温变化情况。

② 通知各站做好防高温、防火灾的措施。

③ 必要时向车站发布相关的运营服务信息。

④ 及时通知各部门，根据情况要求派出抢险队。

⑤ 通知主变电所及牵引变电所值班人员做好防高温、防火灾的措施。

⑥ 密切注意高温对接触网的影响。

⑦ 必要时，组织人员加强对线路的检查，防止出现钢轨涨轨跑道的现象。

（2）车辆基地的应急处理措施。

① 根据情况组织人员检查各类车辆，防止出现行车安全隐患。

② 通知各部做好防暑降温、防火灾的措施。

③ 配合抢险其他工作。

（3）车站的应急处理措施。

① 做好防暑降温防火灾的措施。

② 备好必备的中暑药物。

③ 做好聚集在车站避暑的乘客的疏散工作。

④ 配合抢险其他工作。

（4）其他部门的应急处理措施。

① 及时了解运营和设备的运作情况，做好降温散热应急措施。

② 加强不耐高温的设备（如蓄电池），特别是关键设备的维护。

③ 根据情况召集抢险队员，准备好抢险工器具及备件，随时待命。

④ 做好防暑降温应急措施。

⑤ 在环境温度超过 40 ℃时，除特殊原因外应停止室外作业。

⑥ 发现或接报突发事件，根据情况及时向调度中心请求对线路限速或请求停止某段（或全部）线路的运营，相关部门立即带领抢险队赶赴现场处理，及时将现场情况向调度中心报告。

任务拓展

1. 发生地震时，运营指挥人员的应急处理原则是什么？
2. 发生地震时，车站工作人员该采取怎样的自救措施？

任务二　2005年10月29日印度列车脱轨事故

一、事故回顾

2005年10月29日凌晨4时30分（北京时间29日上午7时30分），印度一列客运列车在南部安得拉邦首府海德拉巴以南30 km处脱轨。事发客车驶上当地一座横跨水库的火车桥时，该桥由于遭洪水冲毁突然坍塌。高速行驶的火车头带着7节车厢顷刻间脱了轨，其中5节淹没于滚滚波涛之中，另外2节倾覆在旁边的泥地里，导致100多人死亡，另有100多人受伤。

图 3.2

小提示：

据印度官方统计，印度平均每年发生铁路交通事故300多起。专家认为，基础设施老化和人为因素是造成事故频发的主要原因。以下是近年来印度发生的重大列车脱轨事故：

1999年8月2日，在印度的孟加拉邦，两列火车迎头相撞，造成285人死亡。

2002年9月9日，在印度的比哈尔邦，一列拉吉德哈尼快运公司的火车在经过一座桥梁时脱轨，火车随即坠入附近的河中，造成119人死亡。

2005年，10月3日，一列超速行驶的列车行驶到位于新德里以南约330 km的德蒂亚附近时，列车机车和六节车厢脱轨，造成至少16人死亡，36人受伤。

2005年10月29日，印度南部安得拉邦发生一起旅客列车脱轨后坠河事故，造成100多人死亡，另有100多人受伤。

图 3.3

2006 年 11 月 10 日,印度西部马哈拉施特拉邦发生一起旅客列车脱轨事故,导致至少 40 人受伤,其中 15 人伤势严重。

2007 年 6 月 11 日,印度南部城市维沙卡帕特南附近发生火车脱轨事故,造成至少 3 人死亡,22 人受伤。

2007 年 12 月 9 日,印度东部西孟加拉邦发生一起火车脱轨事故,造成 1 人死亡,40 多人受伤,其中多人伤势严重。

2009 年 2 月 13 日,印度一客运列车在东部奥里萨邦脱轨,造成至少 15 人死亡,100 多人受伤。

2009 年 11 月 14 日,印度西部拉贾斯坦邦发生列车脱轨事件,造成至少 9 人死亡,超过 80 人受伤。

2009 年 11 月 19 日,印度东部恰尔肯德邦一处铁轨遭破坏,导致一客运列车 8 节车厢脱轨,50 人受伤。

2010 年 7 月 19 日,孟加拉邦两列车相撞导致 63 人死亡,至少 165 人受伤。

2011 年 7 月 10 日,北方邦发生一起列车脱轨事故,导致 70 人死亡,超过 300 人受伤。

2012 年 7 月 30 日,安得拉邦一辆列车的一节车厢起火,事故导致 47 人丧生,25 人受伤。

2013 年 8 月 19 日,比哈尔邦一列列车撞上正在横穿铁路的人群,导致至少 35 人死亡,事故发生后,愤怒的民众殴打司机,并点火焚烧火车。

2014 年 5 月 26 日,北方邦一列列车撞上停靠在车站的一列货车,导致至少 25 人死亡,50 人受伤。

2015 年 3 月 20 日,北方邦发生一起列车脱轨事故,导致 58 人死亡,150 人受伤。

2016 年 2 月 5 日,肯雅库马力至班加罗尔的一列列车四节车厢脱轨,数人受伤。

2016年5月6日，金奈两列车相撞，7人受伤。

2016年11月20日，北方邦一列车出轨，造成至少128人死亡，另有超过200人受伤。

二、原因分析

1．事故原因

当地官方政府证实，连日洪水是这起重大车祸的罪魁祸首，该桥由于遭洪水冲毁突然坍塌，导致火车在经过此桥时坠入河中。

但是，印度多年来铁路事故的频发并不都是由于自然灾害引起。据印度铁道部数据称，近5年印度共发生586起铁路事故，其中53%为火车脱轨。

（1）年久失修、养护不当造成铁轨断裂。印度铁路网络铁轨里程约为10.87万千米，是全世界第四大铁路网络。在印度铁路网络中，每日约有1.2万列火车在8 000多个车站之间运行，运送的旅客人数达2 300多万，超过澳大利亚的总人口数量。而混乱的铁路网管理及陈旧的铁路设备却无法保障"国家的生命线"。铁路网络资金的主要来源为严重依赖补贴的车票收入，而政府一直以来都对提高补贴予以回避，导致在过去的几十年间，印度铁路投资严重不足。大多数铁路桥梁和隧道也早就超过了其最大服务生命周期，已经变得脆弱不堪。

（2）安全人员大量空缺，铁路安全检查人员包括巡道工、调度员、列检员和车站值班员等，这些人员直接负责火车的运行安全。据印度铁道部信息，印度全国运输行业总体缺少员工21.7万人，其中12.7万人都属于安全检查岗位。

（3）印度铁路线路标准混乱。

印度铁路网非常复杂，仅铁路轨距就有三种，即宽轨（轨距1 676 mm）、米轨（轨距1 000 mm）和窄轨（轨距有762 mm和610 mm两种），铁路管理十分复杂和不便。

（4）印度公民交通安全意识较差。

印度公民的交通安全意识普遍较差，加之铁路部门又宣传不力、管理松散，诸如"逃票""跳车""扒车"等违规事件时有发生，直接促使了事故发生的频率。

2．事故等级划分

列车脱轨倾入洪水，导致大约150名乘客死亡，死亡人数在30人以上，按我国事故等级标准，属于事故等级中的最高级别，为特别重大事故。

三、知识链接

通过上述案例的学习可以看出，自然灾害对轨道交通产生的直接影响表现为：一是破坏交通设施，如桥梁、轨面、路基及隧道附属设备等，二是破坏调度指挥系统，使通信、信号中断或瘫痪。

由于原发灾害或诱发灾害的成灾关联性及自然灾害的复杂性，我们必须采取工程、管理、教育等综合措施，才能有效地减少自然灾害对人类的危害，具体我们应采取以下措施。

（1）在新设备、新线路投入使用之前做好工程的验收工作，确保满足相关标准要求，并在使用过程中加强对设备、线路的监管工作，发现问题及时汇报整改。

（2）根据轨道交通环境条件制定、建立相关的应急预案，在后续工作中组织演练并对预案进行修改和完善。

（3）完善信息汇报流程、各接口部门信息流程及对外信息发布程序，确保信息汇报、发布及时性与准确性，使得相关的预案在事件发生时能及时启动，减少自然灾害对社会造成的影响和损失。

（4）成立分公司应急抢险救援队，定期组织培训学习并加强模拟演练，提高其实战应急能力，确保在发生"养兵千日，用兵一时"的实际需要时切实发挥作用，避免流于形式。

（5）日常工作中做好对自然灾害方面的预警工作，特别天气环境时各岗位巡视人员须加强对地面线路、关键设备、车站范围内关键设备、关键区域的监控、巡视工作，及时发现隐患，及时采取防控措施，必须使员工学会如何确保乘客安全，减少公司财产的损失。

因洪水和暴雨导致区间线路出现积水时的应急措施见前文所述。

1. 发生洪水等自然灾害时，调度中心的应急措施是什么？
2. 事故等级划分原则的依据是什么？

任务三　2007年2月28日乌鲁木齐至阿克苏5807次列车脱轨事故

一、事故回顾

2007年2月28日2时05分，新疆吐鲁番一列旅客列车从乌鲁木齐驶往阿克苏途中，遭遇瞬时大风"袭击"，车窗被飞沙打碎，11节车厢被吹翻，造成3人死亡，整个南疆线被迫中断行车。

根据测量，此次将列车倾覆的瞬间风力达到了 13 级。这样的风力是比较少见的，13 级风属于飓风，风速为 37.0～41.4 m/s。这个风速的风如果风向与列车侧面垂直相遇，列车每平方米面积受力为 86～107 kg。在迎风面、背风面以及垂直面都会产生作用力，在三向受力的作用下，火车被吹翻。

图 3.4

图 3.5

图 3.6

二、原因分析

1．事故原因

事故发生地处于南疆有名的"百里风区"，自然环境十分恶劣，狂风曾多次掀翻汽车、房屋等，虽然这只是一个气象个案性事件，但我们必须注意到，产生13级飓风的真正背景是由于全球气候变暖所带来的极端气候事件的增加，这是值得我们深切关注的问题。

5807次列车是从乌鲁木齐开往阿克苏的，在这条沿线上，要经历新疆有名的三十里风区，有谚语戏谑说，这里一年只刮一场风，从春刮到冬，风力常常达到八级以上。历史上，火车被大风掀翻的事故也不是一两次了。2001年，一场12级以上的大风把停着的11节列车车厢刮下路基；2006年4月9日，开往北京的T70次列车也在这个地区遭遇12级大风，列车的250块双层玻璃被打破。

中央气象台的监测资料显示，该地区当时并未观测到沙尘暴天气，由于未对天气进行预测，瞬间特大风力已经超出了铁路前行的安全运营能力，导致安全保障措施失效。

2．事故等级划分

这是一件由大风自然灾害导致的列车意外脱轨事件，旅客列车从乌鲁木齐驶往阿克苏途中，遭遇瞬时大风"袭击"，车窗被飞沙打碎，11节车厢被吹翻，造成3人死亡，2人重伤，32人轻伤，按我国事故等级标准，属于事故等中的较大事故。

三、知识链接

1．建立预警体系

"气象界对13级风的定义是，风速＞40 m/s。"托克逊县气象局由于事发地点没有监测站，因此，气象部门无法预知事发路段的具体风速和风力。

气象部门与铁路部门联手建立小流域气象监测站，是预防风灾较为可行的有效手段之一。受地理条件影响，新疆辖内的铁路须穿过多个百里风带，在这些风带内局部小气候变化频繁，且反复无常，根本无法从大的气候条件中预测具体某一路段何时发生灾难性风灾。所以只有在风带内建立预警观测站，提前精准发布风力警报，才能有效地保证列车行驶安全。

2．加强旅客安全常识教育及自救意识

特大沙尘暴往往先导致车厢一侧的车窗玻璃破碎，此时，如果把另一侧的车窗玻璃也打碎，保持气流通畅，则列车所受压力将减小，翻车概率可降低。

3．做好不良天气应急预案工作

启动不良天气应急预案，相关部门应加强线路巡视和设备检查，火车站应做好及

时为过往列车补充餐料和饮用水准备，确保列车运行正常。

4．列车降速

应该是基于"安全第一"的理念，毕竟列车运行安全容不得任何的"万一"。至于恶劣天气引发的设备故障，作为铁路部门只能是尽量避免而无法杜绝，毕竟和大自然的力量相比，人类的力量是渺小的。列车晚点或是停运，给旅客带来了诸多的不便，同时肯定也会给铁路部门的运输组织带来了巨大的压力，这显然也不是他们所愿意看到的，但是面对恶劣天气，只有安全是最大公约数。

5．出现强风天气时相应的应急处理措施：

（1）调度中心的应急处理措施。

① 必要时向主管领导汇报，请求下达停止地面车站运营服务命令，组织具备运行条件的区间维持运营。

② 向车站发布相关的运营服务信息。

③ 通知相关影响的车站做好顾客服务工作。

④ 若发现或接报险情报告，及时通知各部门，根据情况要求派出抢险队，组织安全运营。

（2）车辆基地的应急处理措施。

① 组织车辆基地各类车辆避风。

② 若发现或接报险情报告，立刻确认设备情况，及时采取应急措施。

③ 根据情况通知车辆基地抢险队，赶赴现场处理。

④ 配合抢险其他工作。

（3）车站的应急处理措施。

① 车站接到行车调度员关站命令后，立刻执行关闭车站程序，退出运营服务。

② 各车站实施防风应急措施。

③ 根据情况关闭管辖的广告灯箱电源。

④ 及时向行车调度员汇报车站、线路的最新情况。

⑤ 若发现车站出入口被强风破坏等险情，及时封锁现场，根据情况关闭受影响的出入口，并报行车调度员备案，协助抢险人员处理。

1．按我国事故等级标准划分，此次事故等级为哪一级？

2．针对事故发生地的特殊环境，从你的角度谈谈平时该树立怎样的意识？

任务四　2008年7月4日雨水倒灌北京地铁5号线事故

一、事故回顾

2008年7月，北京地铁5号线崇文门站，雨水倒灌入车站，导致相关线路停运3小时。由于雨水过大，地势较低的地铁5号线崇文门站C、D两个出口处的挡水板被雨水冲断，水流进站厅调度室，造成调度室下面的变电站天花板渗水。为安全起见，北京地铁运营公司实施断电，同时停止车辆运行，5号线南端宋家庄至雍和宫段停运，列车自天通苑北站开出后在和平西街站实施折返。地铁工作人员用棉被、沙袋堵住水流，并从其他车站运来挡水板，以阻止雨水流入站内。

事故经过：

地铁5号线崇文门站厅层下方正好是5号线10 kV变电站，地铁工作人员通过监视器发现变电站天花板出现渗水，如果不采取措施，后果不堪设想。地铁运营公司马上关闭崇文门站下方变电站。5号线部分路段的运营被迫中断，地铁运营部门采取分段运营方式，从天通苑北到太平桥南段正常运营，从和平桥站到宋家庄站段停止运营。同时，为了缓解客流，在1号线与5号线换乘的东单站采取了限流措施。

晚上8点半，因持续大雨，大量雨水倒灌进入地铁5号线崇文门站南侧通道内，随后该站被封。

晚上9点50分，站内广播通知称，因天气原因，2号线与5号线在崇文门站无法换乘。在2号线站台进入5号线换乘的入口处，有数十名旅客滞留。一名乘警向乘客解释说，5号线太平桥南段至天通苑北区间正常运行，但和平西桥站以南停运。随后，地铁5号线崇文门站的各个入口均已被封闭，大量旅客冒雨等候。在该站南侧两个入口处，多辆工程抢险车正在待命。随后，多辆消防车赶到现场，架起数条水龙带，从站台内向外抽水。

晚上10点45分左右，消防员结束抽水，数十名地铁职工用水桶向外清理积水，如图3.7所示。

10点50分左右，通道内积水所剩无几，如图3.8所示。

晚上11时左右，崇文门站积水排尽。地铁运营公司重新开启崇文门站变电站，恢复列车运营。地铁运营公司负责人表示，本次事故不会影响5号线第二天的正常运营。

图 3.7

图 3.8 消防人员在清除地铁 5 号线崇文门站的积水

二、原因分析

由于大雨持续时间长,造成地铁内部地下结构渗水,5 号线部分路段的运营被迫中断,属于地铁外部的天气原因所致。

三、知识链接

1. 加强信息沟通,建立地铁运营公司内部天气预警机制

地铁运营公司应与市政府、水利部门、气象部门建立工作联系,气象部门每日及时为地铁运营公司提供天气信息、预报。控制中心及时掌握天气预报和动态,天气情

况一日三查，根据天气预警信息级别，通过地铁公司内部的短信平台发送天气预警信息给公司领导、各部门，提醒各部门做好应急准备。同时，在发生限速、停运等情况时及时通知车站、司机，并通过车站播音、PDP屏滚动字幕等媒体发布信息告知乘客。当控制中心收到预警解除的信息后，通过短信平台发送预警解除信息给公司领导、各部门。

2．暴雨前的安全检查

（1）收到暴雨预警信息后，地铁运营公司各相关部门组织进行一次全面的隐患排查。主要包括与行车相关信号设备状态、车站倒灌、隧道积水、碎石道床路等易受洪水、雷电影响的方面，对查出的问题与相关部门及时沟通，并要求在暴雨到来前及时整改，确保正常行车组织不受影响。

（2）安全检查由地铁运营公司物资设施部牵头，机电、工务、电力、通信、信号等专业安排专业工程师、巡检人员赶赴现场，开展设施设备检查。机电专业要针对地面线路与地下线路接口处的雨水泵房、相邻地下站间的泵房等重点部位，由专业负责人亲自带队检查，确保各个泵房内的雨水泵均能正常运转，地铁线路内的雨水能够及时得到排泄。工务专业要加强对地面和高架线路路基、高架桥的巡视力度，确保能够及时发现异常情况。通信、信号、电力专业要加强对道岔、接触网、供电轨的巡查，确保设备稳定，为地铁列车正常运营提供可靠保障。同时各车站加强车站巡检，特别是高架、地面站，加强对线路、设备、供电轨等设备设施的巡检，对可能会受到大风、暴雨影响的重点设备设施进行重点检查，加固设备，以免被风刮落，以及发生异物侵限。

3．加强防洪物资应急准备

在暴雨来临前，地铁运营公司要组织对全线所有车站的防洪物资进行清点，重点是地下及地面车站，各个车站要按要求配置防洪挡板、防洪沙袋、防滑垫等物资备品。在暴雨过程中，各个车站要及时启动车站防洪应急预案，预先在各出入口和站厅、站台放置防滑垫和提醒地面防滑标志，在车站地势较低的出入口设置防洪挡板或沙袋，防止雨水流入地铁站内，以保证乘客的出行安全。暴雨过后，根据强降雨情况及未来天气形势，对一些车站结构容易发生漏水、淹水、灌水的重点车站，要重新统计梳理防洪物资需求，及时增配防洪物资。

4．加强暴雨期间的运营管理

控制中心随时向司机和车站了解情况，若发现或接报险情，及时通知各部门，根据情况要求派出抢险队。天气预警到达12级时，立即终止受影响区段的运营。

在暴雨期间，列车司机要在列车运行中坚持不间断瞭望，要重点关注接触网/供电轨有无异物悬挂，要以保证列车运行安全为第一要务，根据降雨、大风情况和瞭望视线及时降速。遇暴雨造成信号设备故障，采用特定行车办法行车时，以安全第一为原

则，防止追尾，防止冒进，防止撞车挡。

车站加强现场巡查制度、值班制度，缩短内部信息通报间隔。① 加强现场巡视制度；② 注意车站物品，对于易飞易漂浮的物品要求及时发现并清理；③ 加强值班制度，根据天气形势，在原有的车务中心领导及管理人员节假日值班制度基础上，重新调整和部署值班安排，保证突发情况发生时能及时进行应急响应；④ 设备部门组织相关专业人员在暴雨期间进行巡检，对行车设备、接触网、供电轨、高架车站悬挂设施、高架桥附近广告牌等重要设备进行巡视、检查，做好相关应急抢修的准备。

5．应急抢险队伍保障

车务中心成立中心级别抢险队，由中心经理担任队长，中心全体管理人员为抢险队员，下设多个工作组，由各副经理担任组长，按照住所就近原则，实行区段包干制，随时待命，支援防洪抢险工作。

各车站成立生产级别抢险队，由车站站长、乘务长任队长，全体员工为抢险队员，随时待命。在接到启动应急抢险通知后，抢险队长要立即赶到现场指挥应急抢险工作，各抢险队员也要立即赶到所在车站现场参与抢险。

车辆中心确保各个工程车及救援编组的状态，救援编组24小时热备，确保其他专业在遇到抢修和救援任务时工程车能及时出动。车辆中心要安排车辆救援队核心骨干成员在车辆段值班，其他救援队成员电话值班，确保随叫随到随时出动。另外，安排专人做好救援工具和设备的检查，保障两台救援车内设备随时可用。车辆维修方面，严格执行车辆检修规定，确保暴雨期间的供车任务。

在设施设备应急保障方面：① 在地面及高架地段应急值班，随时处理接触网、供电轨异物悬挂情况。② 针对暴雨可能会引发高架站声屏障受损、倾倒突发险情，结构专业人员现场保障，确保及时清除影响行车突发险情的情况。③ 针对暴雨带来的强降雨，给排水专业人员加强地面线与地下线过渡段的洞口、区间的排水设施保障，确保设施故障时快速处置。同时配置移动潜水泵，随时处置局部积水的情况。④ 针对雷电可能引起的供电设施受损，电力抢修专业人员在车辆基地备齐应急工器具、备件、材料，待命抢险。高压供电专业人员加强牵引所值班，确保在SCADA系统故障情况下，现场牵引供电分/合闸操作。

6．灾后处理

（1）暴雨之后，各部门人员要及时清理现场，尽快恢复受影响的区段、出入口；检查各设施设备是否完好，有无损坏、丢失；及时清点防洪、保障物资，如有缺失，及时统计梳理资料上报部门增配物资。

（2）针对应急处理中存在的问题，及时总结、反馈给公司相关部门，要吸取经验教训，在以后的应急处理中避免再次出现类似的问题。

（3）次生灾害的应急处理程序。

恶劣天气对地铁的正常运营影响是否明显，由此引发的次生灾害也不容忽视。在地铁线路的实际运营中,具有破坏影响的自然灾害不仅有暴雨、洪水,还有地震、大风、雷击、冰冻等。2003年5月,日本仙台地震,造成仙台地铁全线停运。2007年7月,重庆轻轨遭遇雷击,造成供电设备破坏、部分区间断电,部分线路停运达7小时。2008年4月,上海部分地区经历10级大风,造成上海轨道交通3号线限速运营半小时。

7．加强对自然灾害的应急演练

事故可谓是千变万化的,是不规则的。制定应急处理预案是为了及时有效地加以处理,但有时未必每一个事故都在预案里面,所以在处理事故时需要沉着冷静,坚持"先救人,后救物;先全面,后局部"的原则,将损失降至最低限度,才是最终目的。在预案里面有很多都是纸上谈兵,没有实际用过,所以预期与实际还是有一定程度上的区别,这就要加强各种程度、范围、形式的应急演练,在长期的实践工作中继续探索研究,遇到实际与预案不符时,不能盲目处理,应以实际出发,尽量将灾害影响降到最小。

1. 针对发生事故后,北京地铁能在第二天使得事故路段正常通车,谈谈你的理解。
2. 平时针对自然灾害的应急演练该如何对待？

任务五　2009年7月29日广西列车脱轨事故

一、事故回顾

2009年7月29日4时22分,由襄樊开往湛江的1473次旅客列车运行至焦柳线广西境内古砦至寨隆间,因连日持续强降雨造成山体崩塌掩埋线路,列车机车及机后1～4位车辆脱轨,造成4名旅客死亡,50余名旅客受伤,焦柳线中断行车。

铁路部门立即启动应急预案,全力救治受伤旅客,迅速组织救援。据救援的柳城县消防大队介绍,初步认为事故原因是山体滑坡造成铁轨打滑。在事故现场,四节车厢已经脱轨,横跨在铁路上,这四节车厢都是卧铺车厢,如图3.9～图3.11所示。

图 3.9

图 3.10

图 3.11

二、原因分析

1．事故原因

7月27日晚到29日，广西桂北、桂中普降中到大雨，部分地区有暴雨，局部有大暴雨并伴有雷电、短时大风等强对流天气。由于强降雨影响，造成焦柳线1 568 km +261 m处线路路堑发生坍塌落石，由襄樊开往湛江的1473次旅客列车撞上坍塌体，造成机车及机后1至2位车厢颠覆、3至4位车厢脱线。

最终事故定责为因连日降雨引起山体滑坡掩埋线路，导致列车运行至该区段时发生脱轨。

2. 事故等级划分

降雨引起山体滑坡掩埋线路，导致列车运行至该区段时发生脱轨。导致大约 4 名乘客死亡，50 余名旅客受伤，按我国事故等级标准，属于事故等中的重大事故。

三、知识链接

（1）在降雨较多的季节，相关部门要加强其他地方的地质灾害巡查工作。在泥石流发育分布区，工矿、村镇、铁路、公路、桥梁、水库的选址、旅游开发等一定要在查明泥石流沟谷及其危害状况的情况下进行，尽量避开可能造成直接危害的地区与地段，例如泥石流沟的中、上游段及沟口，主支沟交汇部的低平地段，靠近河床的低缓阶地或坡脚处，河道弯道外侧等，实在无法避开时应考虑修建防护工程或采取其他措施。每年 7~8 月为泥石流易发时段，应采取应急避防措施。首先要避开泥石流危险地段，尽量在泥石流到来之前采取防范行动。在泥石流发育地区应进行必要的搬迁、临时防护措施，对受泥石流严重威胁的工矿、村镇应提前做好应急部署。

（2）各级气象部门要切实做好气象灾害的监测、预报，及时发布预警信息，并力争准确预测气象灾害及其衍生灾害对特定区域的人民群众生命财产造成的威胁和损坏程度，为领导决策和启动应急预案提供科学依据。

（3）排除因异常天气情况可能出现的各种自然灾害，切实排除隐患，杜绝重大事故发生。

各级国土部门要切实做好县、乡地质灾害调查与区划工作，当大雨降临，特别是连降暴雨时，山体水量饱和，山体坡、泥石流危险性极高，务必做到责任到位、巡查到位、看守到位，在技术人员和有经验的老同志指导下加强巡查，重点是城镇、乡村、中小学校、医院、集市等人员密集场所，丘陵山区农村切坡建房地段，以及重要铁路、公路等交通干线沿线和水坝、尾矿坝、灰渣坝等重要工程设施及建设活动区等，及时发现险情、报告险情、处理险情，确保有险情不成灾。

（4）应急抢险队伍保障。

车务中心成立中心级别抢险队，由中心经理担任队长，中心全体管理人员为抢险队员，下设多个工作组，由各副经理担任组长，按照住所就近原则，实行区段包干制，随时待命，支援防洪抢险工作。

1. 在发生事故时，应急抢险队伍怎样进行组织？
2. 此次事故是否可以避免？谈谈你的看法。

任务六 2010年5月23日上海南至桂林 K859次列车脱轨事故

一、事故回顾

2010年5月23日凌晨2时10分，在沪昆铁路上江西省余江县与东乡县之间发生了一起铁路事故，该事故造成K859次列车（现T77/78次列车）乘客死亡19人，伤71人，其中重伤11人。

2010年5月23日2时10分，由上海开往桂林的K859次旅客列车，运行至江西省境内沪昆铁路余江至东乡间（K699+700 m处），发生脱轨事故，机车及机后第1~9节车厢脱轨，中断上下行线路行车。据沪昆铁路东乡旅客列车脱轨事故救援指挥部消息，此次事故造成19人死亡，重伤11人，轻伤60人，疏散了2 800多名旅客。

事故经过：

5月22日16时42分，K859次旅客列车由上海南出发开往桂林。次日凌晨2时10分，运行中的K859次旅客列车在沪昆铁路江西省抚州市东乡县孝岗镇河坊村附近的K699+700 m处撞上塌方土石发生脱轨事故。

发生事故的列车共有机车和17节车厢，事故导致机车和第1~9号共8节车厢（2号缺编）脱轨。牵引该列车的和谐电3型电力机车约重138 t，而其牵引的客车车厢不含运载仅有16 t，导致机车后方的车厢遭到严重挤压，1至4节车厢脱轨并侧翻，其中6号车厢叠在4号车厢上方，完全变形，7至9节车厢被拧成"之"字形。

脱轨的车厢多为卧铺车厢，事故又发生在凌晨，旅客多在睡梦之中，并无多大防范。脱轨车厢的乘客多受挤压和震动造成骨折，伤势较重，未脱轨车厢多位伤者是因为巨大惯性从床位上摔下导致撞伤、擦伤或昏迷。

凌晨2时42分，东乡区消防大队接警，派遣消防车和消防兵于3时15分抵达事故现场。后余江县消防部队派兵增援，抚州市、鹰潭市两地的消防部队共派遣150人到达事故现场，后有多方人员参与救援工作，共约2 000人。鹰潭、抚州等市大量医护人员也赶到现场。救援主要进行破拆工作，解救被扭曲的车体围困的旅客。伤员一经抬出，则被一旁待命的救护车送到临近医院。救援人员并抬出多具遇难者遗体。受伤旅客被送往南昌市、余江县、鹰潭市等地的多家医院接受治疗。

承担K859次旅客列车运营的南宁铁路部门成立了专门处理此事故的小组赶赴事故现场，并与南昌铁路部门协调，进行事故的处理工作。

图 3.12　　　　　　　　　　　　图 3.13

二、原因分析

5月，江西省内发生多次强降雨。5月下旬，强降雨由西向东入境，进而席卷全省。20日开始，江西省约50个县遇暴雨天气，20至23日全省平均降雨达到75.5 mm，多个县市遭遇大雨或大暴雨，其中东乡区降雨量达到85.7 mm。连日暴雨导致省内多处发生泥石流、山体滑坡等自然灾害。

据事后勘察，事故发生地点上方20 m有一条公路，滑坡点在公路上方20 m。事故发生前，该地点发生山体滑坡，塌方的土石经公路下落，掩埋沪昆铁路线路，随后K859次旅客列车经过，撞上塌方土石，造成事故。塌方土石约有8 000 m³。

最终事故定责为因连日降雨造成山体滑坡掩埋线路，导致列车运行至该区段时发生脱轨。

三、知识链接

（1）前期降水较多，加强其他地方的地质灾害巡查工作。

各级气象部门要切实做好气象灾害的监测、预报，及时发布预警信息，并力争准确预测气象灾害及其衍生灾害对特定区域的人民群众生命财产造成的威胁和损坏程度，为领导决策和启动应急预案提供科学依据。

（2）排除因异常天气情况可能出现的各种自然灾害，切实排除隐患，杜绝重特大事故发生。

各级国土部门要切实做好县、乡地质灾害调查与区划工作，当大雨降临，特别是连降暴雨时，山体水量饱和，山体坡、泥石流危险性极高，务必做到责任到位、巡查到位、看守到位，在技术人员和有经验的老同志指导下加强巡查，重点是城镇、乡村、中小学校、医院、集市等人员密集场所，丘陵山区农村切坡建房地段，以及重要铁路、公路等交通干线沿线和水坝、尾矿坝、灰渣坝等重要工程设施及建设活动区等，及时

发现险情、报告险情、处理险情，确保有险情不成灾。

1. 恶劣天气造成事故划分等级的原则是？
2. 在遭遇恶劣天气时，车站的应急处理措施是什么？

项目四

运营管理失误引发的事故

轨道交通运营管理是指挥者按照安全生产的客观规律，对运输系统的人、财、物、信息等资源进行计划、组织、指挥、协调和控制，以达到减少或避免轨道交通运输事故的目的，是以控制危险、防止事故、最大限度地减少事故损失为目标而进行的决策、组织和控制等一系列活动。管理主要通过安全组织、安全法制、安全技术、安全教育和安全信息几个方面进行。

为保证列车进出站、在车站范围内及在站间区间运行的安全，提高运行的速度和运行设备的通过能力，需要对列车进行有效的管理，并设置各种必要的交通控制设备，以指示、调度和控制列车的运行。

当运营管理中的行车组织、行车规章、行车人员或安全信息等条件中的任意一项发生错误，都会影响轨道交通的安全，尤其是信号系统异常造成的非正常情况下的行车组织，更是考验人与制度的关键时刻，未获得有效的行车凭证、错节漏接行车命令、忽略行车信号、无视作业环境安全等均为典型的事故原因。狠抓运营管理，简单地讲就是"让人遵守规章"，因此人、规章、管理手段和落实的效果都是我们在工作中的重点。

本章主要列举由于运营管理失误而导致的事故。

1. 掌握运营管理突发事件的处理原则及报告程序。
2. 了解运营管理突发事件的应急处理流程。
3. 明确各岗位人员在运营管理突发事件处理中的岗位职责及作业流程。

任务一　2011年9月27日上海地铁10号线追尾事故

一、事故回顾

2011年9月27日14时10分,上海地铁10号线新天地站因信号设备发生故障,交通大学站至南京东路站上下行期间采用人工调度(电话闭塞)的方式,列车限速运行。14时51分,在豫园往老西门方向的区间百米标176 m隧道内发生了5号车追尾16号车的事故。事故造成295人到医院就诊检查,40多人轻伤,没有危重伤员,无人员死亡。14点51分,虹桥路站至天潼路站9站路段实施临时封站措施,其余两端采取小交路方式保持运营,启动公交配套应急预案,公安、武警等赶赴现场协助疏散。截至2011年9月27日20:38分,两列事故列车内500多名乘客已经全部撤离车站。

事故经过:

在未进行风险识别、未采取有针对性防范措施的情况下,维保中心供电公司签发了不停电作业的工作票,并经上海地铁第一运营有限公司同意,9月27日13时58分,电工在进行地铁10号线新天地车站电缆孔洞封堵作业时,造成中央调度列车自动监控红光带、区间线路区域内车站列车自动监控面板黑屏,地铁运营由自动系统向人工控制系统转换。

此时,1016号列车在豫园站下行出站后显示无速度码,司机即向10号线调度控制中心报告,行车调度员命令1016号列车以手动限速(RMF)方式向老西门站运行。14时,1016号列车在豫园站至老西门站区间遇红灯停车,行车调度员命令停车待命。14时01分,行车调度员开始进行列车定位。14时08分,行车调度员发布调度命令,交通大学站至南京东路站上下行区段实行电话闭塞法行车。

14时35分,1005号列车持路票从豫园站发车。14时37分,1005号列车以54 km/h的速度行进到豫园站至老西门站区间弯道时,发现前方有列车(1016号)停留,随即采取制动措施,但由于惯性仍以35 km/h的速度与1016号列车发生追尾碰撞。

二、原因分析

1. 事故原因

14:00左右,由于区间信号故障,在ATP系统自动作用或者调度中心的命令下,5号车停在了南京东路站。

此时,调度中心决定不再采用列车自动控制系统(已故障),转而使用电话闭塞方式,列车限速运行。

下面,南京东路站行车值班员将和控制中心行车调度员一同确认5号车前方的区间是否空闲。

由于上海地铁将"两站两区间"作为同意闭塞的条件，所以南京东路站到老西门站（中间隔了一个豫园站）的两站区间都必须是空闲，没有其他车辆行驶或停留。

图 4.1　事件地图

很显然，16 号车正停在豫园站和老西门站之间，但南京东路值班员和调度中心都没有发现。

接下来，南京东路值班员将电话呼叫老西门站值班员，请求发车（闭塞），老西门站值班员在确认区间内没有其他车辆后（16 号车又被遗忘了），同意南京东路值班员的请求。

此时，南京东路行车人员得到值班员的通知后，填写"路票"，即列车发车的凭证，经核对后，与司机进行交接。

司机接到路票后，需要关门等待，在看到车站的工作人员的发车手信号后，开动前行。

途中不知何原因（可能调度中心有指令），5 号车须在豫园站停留，但 10 min 后又继续前行。

在豫园站和老西门站之间是一个在地图上显示接近 90° 的大转弯，转弯结束后就到老西门站了，隧道大角度弯灯光暗，短距离目视看前方相当困难。

在开车 30 s 之后，列车以 10 km/h 的速度前进，谁能料到，在闭塞区间的隧道中，竟然还停着一辆列车，于是司机采取紧急刹车，但为时已晚……

这应该是一起人为责任事故。

由于基本没有任何自动设备的辅助,电话闭塞的安全性全凭人员的责任心来保证,在行业内又被称为"良心闭塞"。

而纵观 5 号车从南京东路发动前的一系列先决条件，必有一个或多个操作环节出现了严重漏洞。

令人遗憾的是，就在 6 月份，地铁公司的"电话闭塞法演练"活动刚刚"圆满结束"，当时的口号是"以'安全生产月'活动为契机，以'安全责任重在落实'为主题"。

难怪有专家直言不讳："无法理解为何在电话闭塞下发生追尾"。

有工作人员推测，出错有两种可能，一种是行车调度员忘记确认前车位置，而前车一直停在区间没有行驶，造成两车追尾。另一种可能是，车站的值班员把新天地站的放行确认信号误发给豫园方向的列车。

追尾事故原因总结起来有以下两点：

（1）诱因——信号系统存在不足。10 号线的信号供应商为卡斯柯，2009 年也是该公司的信号错误导致了上海地铁 1 号线两车侧面相撞。正是由于信号系统发生故障，导致转入人工闭塞。

（2）直接原因——地铁员工业务不熟练，管理失误，导致追尾。

① 地铁行车调度员在未准确定位故障区间内全部列车位置的情况下，违规发布电话闭塞命令；

② 接车站值班员在未严格确认区间线路是否空闲的情况下，违规同意发车站的电话闭塞要求，导致地铁 10 号线 1005 号列车与 1016 号列车发生追尾碰撞。

2．事故等级划分

调查组最终认定"9·27"事故是一起造成重大社会影响的责任事故，将 12 名事故责任人员严肃处理。

三、知识链接

1．列车自动控制系统（ATC）

城市轨道交通信号系统目前多由列车自动控制系统组成。

列车自动控制系统（ATC）是以技术手段对列车运行方向、运行间隔和运行速度进行控制，保证列车能够安全运行、提高运行效率的系统，简称列控系统。

列车自动控制（ATC）系统分为列车自动防护（ATP）、列车自动驾驶系统（ATO）、列车自动监督系统（ATS）和计算机联锁系统（CI）。

（1）列车自动控制（ATC-Automatic Train Control）系统。

该系统自动控制列车行驶、确保列车安全和指挥列车驾驶。ATC 必须包括列车自动防护（ATP），可以包括列车自动监督（ATS）和列车自动驾驶（ATO）。

（2）列车自动防护（ATP-Automatic Train Protection）系统。

作为列车自动控制系统 ATC 的子系统通过列车检测、列车间隔控制和联锁（联锁设备可以是独立的,有的系统也可以包含在 ATP 系统中)等实现对列车相撞、超速和其他危险的故障—安全防护列车自动控制系统。

其中,ATP 系统的设计理念为"故障导向安全",即在信号系统故障或失灵后,立刻自动控制列车停车。

(3)列车自动监督(ATS-Automatic Train Supervision)系统。

作为列车自动控制系统 ATC 的子系统监督列车、自动调整列车运行以保证时刻表,提供调整服务的数据以尽可能减小列车未正点运行造成的不便。

(4)计算机联锁(CI-Computer Interlocking)系统。

利用计算机对车站作业人员的操作命令及现场表示的信息进行逻辑运算,从而实现对信号机及道岔等进行集中控制,使其达到相互制约的车站联锁设备,即微机集中联锁。

2. 电话闭塞法在地铁行车组织中的应用

目前,新建地铁信号通常采用 ATC 系统作为自动控制列车运行的基本闭塞制式。电话闭塞法是当基本闭塞设备故障不能使用时,由车站行车值班员(简称"行值")以站间行车电话记录的方式办理闭塞的方法。电话闭塞法是在没有机械、电气设备控制的条件下,仅凭站间行车电话联系来保证列车行车间隔,由于安全程度较低,只能是一种临时代用的行车闭塞方法。改用电话闭塞法行车,应有行车调度员(简称"行调")发布的调度命令,并严格按照规定的电话作业要求办理闭塞。

办理作业主要程序及要求:

(1)发布调令。控制中心行调及时向有关车站及司机发布采用电话闭塞法组织行车的调度命令。

(2)确认空闲。闭塞车站行值和控制中心行调共同确认第一列将发出的列车运行前方闭塞区段空闲。

(3)请求闭塞。发车站发车进路准备妥当并与接车站共同确认闭塞区段空闲后,向接车站请求闭塞。

(4)同意闭塞。接车站收到前次列车在前方闭塞车站出发的电话报点记录、接车进路准备妥当并与前方闭塞车站共同确认前方闭塞区段空闲后,方可发出电话记录号码同意闭塞。

(5)填写路票。发车站须查明前方闭塞区段空闲,发车进路准备妥当并取得接车站同意接车的电话记录号码后,方可填发路票。路票由发车站行车人员,根据行值的通知在站台填写,并与行值认真核对。

(6)交接路票。路票交接地点在司机所在驾驶室的站台上,由车站行车人员确认无误后,与司机核对交接。司机接到路票后关门,凭车站的发车手信号动车。

(7)解除闭塞。到达列车自接车站出发或进入折返线后,接车站应向发车站报点并发出电话记录号码,解除闭塞。

```
路 票      NO:

电话记录第____号,车次_____
_____至_____站(_____线/道

         车站值班员_____
XXX站
行车专用章    ____年___月___日
```

图 4.2　路票示例

（8）恢复基本闭塞。设备故障消除后，控制中心行调必须与各闭塞车站行值共同确认各闭塞区段空闲，方可向有关车站及司机发布恢复基本闭塞行车的调度命令。

电话闭塞法虽是在城轨设备故障情况下为维持运营服务迫不得已采取的降级运营模式，但也是地铁运营人员必须掌握的行车组织方法。由于采用电话闭塞法时，保障行车安全的责任完全由人而不是设备承担，对于参与其中的工作人员的业务能力、工作责任心则提出了更高的要求。行车调度员、车站值班员、司机等行车工作人员只有严格按照规定的作业办法与作业程序一丝不苟地办理接发列车业务，才能确保设备故障时运营工作安全有序地进行。

1. 为什么会发生此次事件？谈谈你的理解。
2. 什么是列车自动控制系统（ATC）？

任务二　2013 年 7 月 24 日西班牙高铁列车颠覆事故

一、事故回顾

2013 年 7 月 24 日，西班牙当地时间 20:41 发生了一起高铁列车整列颠覆重大事故，死亡 79 人，伤 180 人，全列车 259 名乘客无一幸免。图 4.3 为正在清理中的现场。

图 4.3

这是一列由西班牙首都马德里开往加利西亚自治区首府圣地亚哥·德孔波斯特拉市（以下简称德孔市）的 Talgo 系列高舒适型电动客车。事故发生在距德孔市车站 3.5 km 的弯道上，驾龄达十年的高铁列车司机加尔松正在打着手机穿越最后的直线段 1 500 m 长的架空路桥和 630 m 长的隧道，他忽视了减速信号的数次警告。当牵引机车驶出隧道时才发现，限速为 80 km/h 的弯道已在眼前，减速来不及了，之后就发生了欧洲高铁史上罕见的一幕惨剧。

德孔市在西班牙的西北部，火车由首都马德里开往这里，地形较为复杂，这是由中部高原地区驶入起伏多变的西北丘陵地区。进入丘陵地区的高铁线路主要路段大多是由路桥和隧道组成，这是一条设计时速在每小时 200 km 以上新建的电气化高速铁路，开通不到两年。线路设计特别要求在驶入德孔市前 4 km 以外，列车必须减速到每小时 80 km 以下，以便安全通过在进站前无法避开的三个小曲率半径弯道。

估计在线路设计之初就已经预料到列车驶出直线段隧道后进入限速弯道时，司机稍有疏忽可能就会发生脱线之类的灾害事故，因此，在这个容易出事的线路弯道外侧，事先就用重型工字钢栽桩，浇筑成了厚厚的混凝土防撞墙。这次发生列车脱线颠覆事故时，除仅有一个车厢从防撞墙前的缺口地段瞬间飞出之外，包括反向牵引机车在内的数节列车高速冲向了防撞墙，发生强烈的堆积性撞击，后果惨不忍睹。

图 4.4　事故现场

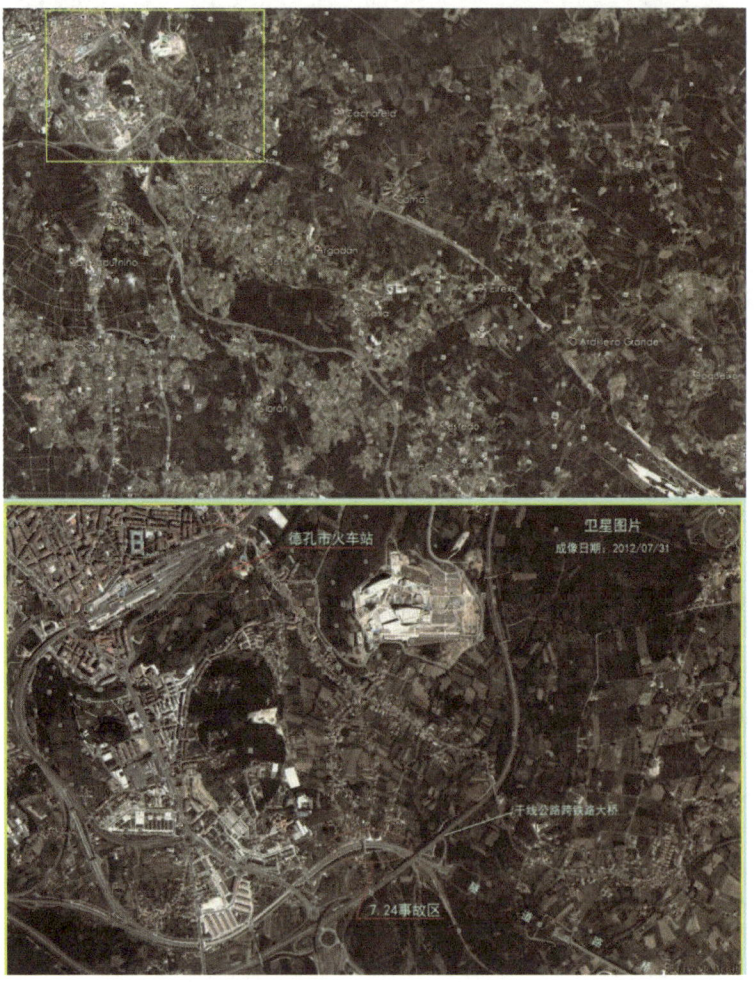

图 4.5　该地区的卫星图片如下（2012-07-31 成像）

这是一列由十三节车组合的高铁客车,是西班牙研制和生产的 Talgo250 系列 Hybrid 型 2012 年 6 月启用的最新式高速轻体电动客车,全列编组为:正向/反向牵引机车 2 节,柴油发电车 2 节,36 座二等车六节,26 座一等车 1 节,23 座(包括助残轮椅车一席)一等车 1 节,以及酒吧车一节,全列车一共只有 265 席座位。

独特设计的气密型摆式轻体客车,行驶在丘陵和多山地区乘坐舒适性极好。每节客车仅用一根从动轴的空气弹簧悬挂连接,技术在世界高铁客车研发上独树一帜,如图 4.6 所示。

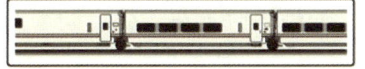

7.24 事故旅客列车是西班牙 Talgo 250 系列摆式轻体结构高速客车,每节车厢配置一组轴重为 18 吨的多功能承重轴,该组承重轴机构兼有链接比邻车厢、空气弹簧减震和适应弯道摆动等功用,一等车每排三座,二等车每排四座,属高舒适车型。

 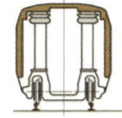 

直线行驶　　曲线行驶

图 4.6

两节安装有重 6.6 t 的 1 800 kW 柴油发电机与正反向牵引机车配套,使列车可以进入无电网地区继续行驶,转换驱动方式无须停车就可进行。列车具备 Talgo RD 自动变轨技术,以适应国际运行的过境需求,由西班牙的 1 668 mm 宽轨距直接驶入 1 524 mm 或 1 435 mm 的标准轨距,并且可以是无电力驱动网的国家和地区。特别需要注意的是它的列车制动系统,这对本书后面的事故分析讨论很重要,列车具备两套制动模式:① 对全列车都有效的气动防抱死制动;② 仅对牵引机车有效的电力再生/电阻制动。

二、原因分析

西班牙铁路运输拥有高速（AVE）、快速和慢速列车三个等级，本次发生事故的火车是快速列车。西班牙高速列车以安全和准时著称于世，按照 2010 年的统计数字，全长达 2 230 km。

7 月 24 日，随着一声巨响，西班牙一列载有 200 多名乘客的快速列车在行驶至距车站 3 km 处时脱轨，造成至少 80 人死亡，170 余人受伤。发生车祸的路段是一个急转弯，限速 80 km/h，但当时的车速是 190 km/h。

据调查，列车驾驶员加尔松在事发时正在与国有铁路公司的同事通话。事故发生前几分钟的"黑匣子"通话记录和录音显示，驾驶员当时正在与公司同事商榷列车行驶线路，并曾翻阅"地图或纸张文件"。法庭表示，尽管驾驶员加尔松尚未被正式指控，但是他目前涉嫌"过失杀人"。

"黑匣子"数据还显示，出事列车在进入限速 80 km/h 的弯道时，车速竟然一度高达 192 km/h。调查人员说，列车制动系统在出轨前一刻才被启动。

三、知识链接

高铁列车的速度是如何控制的？

可以说高铁列车的速度完全由司机控制。列车运行监控记录装置（LKJ）（高铁列车使用的是车载 ATP 设备）和列控系统（各级 CTCS）等，负责的是顶棚速度设定及超速防护。换言之，在理论上，列车司机是可以想开多快就开多快的，因为有上述这些保障列车行车安全的系统存在。但实际上，为了完成行车计划和安排，以及不浪费资源，要求开到 250 km/h 时，司机不可能只开到 100 km/h，即使这样的速度看起来很"安全"。

在传统的铁路行车闭塞控制中，司机通过辨识闭塞分区入口的信号机或者机车信号，来判断前方状况——是否有车，是否需要减速等。而一旦司机辨别/操作有误，就可能使得列车超速或冒进前方信号而造成事故。因之，就必须采用速度监督技术，实时监控列车速度，并在列车超速时自动制动，保证行车安全。

速度监督技术在目前可分为两大类：分级速度控制与目标-距离式速度控制。这两大类又可以细分，详细如图 4.7 所示。

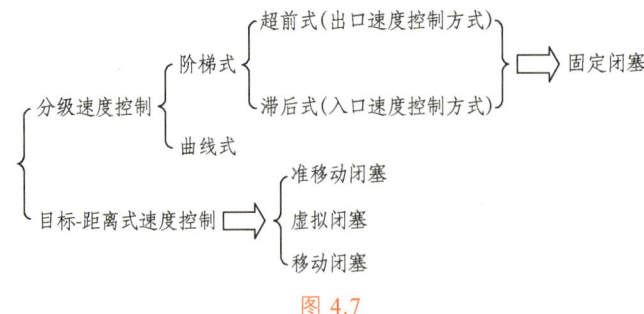

图 4.7

（1）超前式分级速度控制。

超前式分级速度控制方式又称为出口速度控制方式。顾名思义，即给定列车的出口速度值，控制列车速度不超过该值。司机在驾驶列车驶出每一个闭塞分区出口前，须将速度降至速度控制线以下，否则就会引发紧急制动。

（2）滞后式分级速度控制。

与（1）类似，滞后式分级速度控制方式又称入口速度控制方式。即控制列车在本闭塞分区的速度不超过下一闭塞分区的入口速度值。司机若驾驶列车超过了该给定值，碰撞了滞后式速度控制线（这就是所谓的撞墙），就会引发紧急制动。

（3）曲线式分级速度控制。

曲线式分级速度控制方式与前两种略有不同，该种控制方式并不是在闭塞分区出口或入口设定速度限制，而是在整个闭塞分区给出速度控制曲线。同理，司机在驾驶列车时，不可以越过速度控制曲线。

（4）目标-距离式速度控制。

在目标-距离式控制方式下，列车采取的制动模式为连续式一次制动速度控制，是根据目标距离、目标速度及列车本身的性能来决定列车制动曲线的一种控制方式。在该模式下，不设定每个闭塞分区速度等级（与前面几种控制的最大区别）。若列车是以前方列车占用的闭塞分区入口为追踪目标点，则为准移动闭塞；若列车是以前方列车的尾部为追踪点，则为移动闭塞。值得一提的是，我国高速铁路通用的中国列车控制系统（CTCS）均采用的是这一控制方式。

1. 此次事故是否能够避免？为什么？
2. 通过学习此次事故，工作人员平时在工作时应该树立怎样的安全意识？

任务三　2013年1月8日昆明地铁脱轨事故

一、事故回顾

2013年1月8日，昆明地铁首期工程南段列车在空载试运行第四天发生脱轨事故，致一死一伤。

图 4.8

事故经过：

据报道，昆明地铁1、2号线首期工程南段1月5日开始投入7辆列车空载试运行，2月6日正式开始载客试运行。作为正式载客试运营前三个必须完成程序条件中的信号系统的第三方认证已取得，安全评估、运营评审计划于1月中旬开始，2月6日将正式开始载客试运营。载客计划是否会因这起事故延期，尚无说法。

事故发生后，有关部门及时赶至现场迅速成立了由相关部门和国内轨道交通建设、运营专家组成的事故调查组对事故原因展开调查。同时全面对空载调试运行阶段可能存在的问题进行排查整改，满足载客试运营标准。

图 4.9

昆明轨道交通有限公司 11 日下午发布消息，经事故调查组初步调查，造成地铁空载试运行脱轨事故的直接原因为高架与地面隧道过渡段处防火门坠落，侵入行车线路限界。而防火门坠落的原因，初步确定是施工单位没有严格按照施工规范要求进行安装造成的。

昆明轨道交通有限公司通报称，2013 年 1 月 8 日上午 9 点 09 分，列车行至春融街站至斗南站上行区间百米标 DK30+905 处时，与轨道左侧侵限防火门体发生碰轧，司机立即采取制动措施，列车滑行后第一辆车第一转向架左侧车轮脱轨，脱轨侵限的第一节车厢车头左侧与该处第一扇人防门门框发生侧面碰撞后，列车车头弹起，与第二扇人防门上侧门框发生碰擦，造成驾驶室车顶上方通风单元坠落，砸在司机身上，造成司机死亡。

二、原因分析

此次事件由地铁自身原因引发，是施工单位没有严格按照施工规范要求进行安装，造成驾驶室车顶上方通风单元坠落引起的，属于施工质量问题。

三、知识链接

1．地铁司机的岗位职责

（1）根据车辆主管的调度安排按时完成出车任务，保证行车中遵守交通规章，注意行使安全；

（2）执行出车任务前，进行车辆检查，确保车辆状况良好；

（3）执行出车任务完毕，进行车辆的清洁和日常维护工作，按照企业或者车辆要求进行车辆定期维护和保养；

（4）按照企业相关规定做好行车记录工作；

（5）注意车辆年检日期，按时办理车辆年检和其他车务手续；

（6）遇到交通事故，通知上级领导，协助进行交通事故的调查和处理；

（7）参加交通法律法规的学习和业务培训，保证遵守交通规章制度，提高业务技能保护自身安全。

2．司机应具备的能力

（1）熟知驾车行驶的相关法律法规以及驾驶知识，具备熟练驾驶技能；

（2）具备较强的自控能力，不酒后驾驶；

（3）具备应变能力，在交通事故中能及时应变保护车上人员安全；

（4）工作认真负责，具备良好的服务意识。

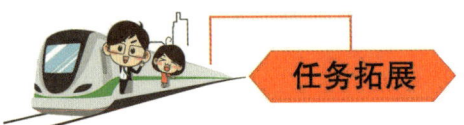
任务拓展

分小组讨论当地铁发生突发事故时，司机应该如何处理此种情况，有哪些具体建议或措施？

项目五

运营人员失误引发的事故

本项目通过分析轨道交通事故，了解运营人员对整个轨道交通的重要性，在分析案例的同时讨论学习突发事故的紧急应对措施，并能够清楚认识到人的因素为不可控因素，需要采取相应的规范措施来约束。通过讨论案例来增强安全意识，增强分析问题的能力。

1. 了解城市轨道交通中运营人员操作的重要性。
2. 理解运营人员失误引发事故时各部门的应急处理方法。
3. 理解运营人员失误引发事故时各运营岗位员工的应急处理措施。

任务一　1997年4月29日京广线荣家湾列车相撞事故

一、事故回顾

京广铁路荣家湾站列车相撞事故（又称荣家湾事件）发生于北京时间1997年4月29日10时48分，京广线湖南省境内荣家湾车站发生了324次旅客列车与818次旅客列车追尾冲突。昆明开往郑州的 324 次旅客列车行至京广线荣家湾站 1 453 km 914 m 处，与停在站内 4 道的 818 次旅客列车尾部冲突，造成 324 次旅客列车机后 1 至 9 位颠覆，10 至 11 位脱轨，818 次旅客列车机后 15 至 17 位（尾部 3 辆）颠覆。

1997 年 4 月 29 日，818 次旅客列车（长沙—茶岭）全列编组 17 辆，总重 901 t，由长沙机务段 ND2 型 222 号机车牵引，司机李某、副司机赵某和长沙列车段运转车长罗某担当值乘，长沙客运段担当客运乘务。列车于 10 时 35 分到达荣家湾站 4 道停车，计划待避客车 324 次。324 次旅客列车（昆明—郑州）全列编组 17 辆，总重 882 t，由长沙机务段 DF42520 号机车牵引，司机李某、副司机陈某和长沙列车段运转车长谭某担当值乘，郑州客运段担当客运乘务。列车 10 时 42 分通过黄秀桥车站后，荣家湾车站值班员曾海泉即布置信号员李某办理 324 次列车 Ⅱ 道出站信号。324 次列车凭荣家湾车站进站信号机绿色灯光进站，行至 12 号道岔处，司机发现列车进路不对，立即采取紧急制动，停车不及，与停在站内 4 道的 818 次旅客列车尾部发生冲突。

这起行车事故共造成死亡 338 人，重伤 48 人，轻伤 182 人。行车设备损坏情况：机车报废 1 台，客车报废 11 辆、大破 3 辆、中破 1 辆、小破 1 辆，线路损坏 415 m，直接经济损失 415.53 万元。

图 5.1

图 5.2

图 5.3

二、原因分析

1997年5月3日9时03分至10时26分，技术调查组根据"4·29"事故调查领导小组批准的"4.29特大事故调查组模拟试验提纲"，对4月29日324次旅客列车与818次旅客列车尾部冲突原因进行了现场模拟试验。经过调查、模拟试验及技术分析结果表明，导致这起行车事故的原因及过程是：4月29日8时许，长沙电务段荣家湾信号工区工长吴某，安排信号工郝某、谢某对荣家湾站内南端12号道岔区段以南的道岔及信号机的电缆盒进行配线整理、加端子牌和内部卫生清扫，吴某自己在信号楼内担任联系。8时30分左右，谢某步行来到荣家湾站南端14号道岔处，开始对14号电缆盒进行清扫、加装端子牌编号；郝某骑自行车来到12号道岔处开始进行作业，郝某先打开12号道岔XB变压器箱，半箱内的1号端子电缆线甩开，擅自使用二极管封连线，将1、3号端子封连（此时12号道岔处于定位），而后又将HZ-24电缆盒打开，进行配线整理。10时22分，车站办理818次旅客列车进4道接车线路时，郝任重发现12号道岔由定位转至反位，马上打电话问吴"现在上行什么车进4道？"，吴回答"是818次"。吴告诉郝"818次进站后我要接车"，并要求郝停止作业。10时35分，818次列车进入4道停车后，郝又用电话与吴联系，问"上行还有车吗"，吴回答"上行有车"。但郝未及时将二极管封连线卸下，恢复1号端子电缆线，而是坐在工具箱上与荣家湾工务工区巡道工彭某聊天。10时42分，车站办理324次旅客列车 E 道通过进路，控制台Ⅱ道上行进出站信号均显示绿灯，Ⅱ道通过进路显示白光带，12号道岔显示定位（由于郝的二极管封连线未卸下，甩开的1号端子线未接上，故12号道岔实际仍处于反位）。当郝看到324次列车将要进站时，仍未将二极管卸下，恢复1号端子电缆线，也不采取拦停列车的措施，而是站在一旁躲车，直至324次与818次尾部发生冲突。事故发生后，吴某在运转室给郝打电话，问郝"是不是你支了什么设备，自己去检查一下"。郝接完电话，急忙回到12号道岔XB箱处，将二极管封连线卸下，恢复1号端子电缆线，骑自行车离开现场。

这起事故的直接原因是：长沙电务段荣家湾信号工区信号工郝某当日在12号道岔电缆盒整理配线作业时，瞒过车站值班员，将12号道岔XB变压器箱内1号端子电缆线甩开，致使12号道岔在反位时不向定位转动；又擅自使用二极管封连线，将1、3号端子封连，造成12号道岔定位假表示，破坏了12号道岔与Ⅱ道通过信号的联锁关系。郝某在818次列车进站后及发现324次列车将要进站时，既不将二极管卸下，恢复1号端子电缆线，又不拦停列车，导致本应从Ⅱ道通过的324次旅客列车进入4道，与停在该道的818次旅客列车尾部相撞。因此，这起事故的直接责任者是长沙电务段荣家湾信号工区信号工郝某。

1997年8月22日广州铁路运输中级法院审理本案。依照《中华人民共和国铁路法》第六十一条和《中华人民共和国刑法》第一百一十条第一款、第二十二条第一款、

第五十二条、第五十三条第一款之规定,判处被告人郝某无期徒刑,剥夺政治权利终身;判处被告人吴某有期徒刑十五年,剥夺政治权利五年。宣判后,二被告人均未上诉。

关于这起事故的性质,有两种意见。一种认为这是一起生产过程中的破坏事故;另一种认为这是一起违章作业造成的责任事故。

依据《条例》规定:事故分为特别重大事故、重大事故、较大事故和一般事故四个等级。此次事故共造成死亡338人,因此属于特别重大事故。

三、知识链接

这起事故教训是沉痛的。事故的发生反映了荣家湾信号工区现场作业失控,信号联锁设备缺乏有效的监测手段,当设备遭受人为破坏时,不能得到有效的监测,同时,也暴露出长沙电务段管理不严,防范不力。为吸取事故教训,建议采取以下措施:

(1)要从思想认识上牢固树立安全第一的观念。

在当前铁路运输十分繁忙的情况下,更要正确处理好安全与效益的关系,切实解决好运输生产与设备维修的矛盾,加强安全管理,确保铁路运输安全。

(2)要从技术手段上采取防范措施。

要加大科技含量,采用先进的冗余技术,提高信号联锁设备的可靠性。对联锁设备要实行微机监控,实现自动记录、自动报警,最大限度地提高设备的监控水平,防止人为因素造成的事故。

(3)要从强化管理上加强现场作业控制。

对影响信、联、增长设备正常使用的维修作业,应严格落实双人作业制度,加强岗位作业互控,车、电部门间的联控。严格维修作业的联系、要点、登记制度,加强日常维修和施工作业的检查指导,堵塞安全管理上的漏网,切实落实各项安全措施。

(4)要改革现行信号维修体制。

为解决设备维修与运用的矛盾,要改革现行信号维修体制,改变现在利用行车间隔、零星要点的维修方法,信号设备必要的维修作业纳入月度运输计划或采用开"天窗"的维修方法进行。

(5)要加强安全重点部位的防范。

以这次事故为教训,立即在全路范围内广泛深入地开展一场"反违章、防破坏、保安全、保畅通"活动,加强铁路治安保卫和安全重点部位的防范,严格关键工种的人员审查和把关,提高广大职工的政治敏锐性和警惕性,严防破坏,特别要警惕生产作业过程中的破坏。

一、安全问题中人的重要性

破坏事故指行为人出于犯罪动机并为了某种目的而故意制造的事故。

责任事故是指违反有关的法律、法规、规章制度。包括以下三种情形：① 国家颁布的各种有关法律、法规等规范性文件。② 企业、事业单位及其上级管理机关制定的各种规章制度，包括工艺技术、生产操作、技术监督、劳动保护、安全管理等方面的规程、规则、章程、条例、办法和制度。③ 虽无明文规定，但反映生产、科研、设计、施工的安全操作客观规律和要求，在实践中为职工所公认的行之有效的操作习惯和惯例等。

在安全问题中，人无疑是十分重要的因素，人也是安全矛盾的主要方面。对安全问题影响最大的是人，而我们在安全生产和运营中最重要的保护对象也是人。机器设备毁坏了可以重修，但人的生命是最珍贵的，也是无可替代的。在轨道交通系统的运营乘客心里，安全问题及其重要并无法忽视。即使是在现代化的今天，科学技术日新月异，多项流程控制都一一实现了全自动化模式，但每个环节、每项作业还是摆脱不了由人来参与并处于主导地位的。

（1）人的主导性。

人和设备的有机结合体中，人是主导方面。设备都是通过人为进行操纵和管理，没有人作为主导，也就无所谓再功能强大的设备。一旦机器停止运转，人照样可以主导场面，进行整体的引导、维修和其他处理。

（2）人的主观能动性。

只有人才具有主观能动性，从而具有合理处理意外情况的能力。人的主观能动性是设备所无法替代的。在意外危险情况出现，人可以主观积极地第一时间做出反应，及时采取应急措施，合理有效地阻止事故的发生或是将事故损失降到最低。

（3）人的创造性。

人能通过研究和学习，不断提高和改进现有系统的安全水平。现今科学技术日新月异，尤其是轨道交通系统的发展更是飞速进步，但人的需求也会随之而增长，当原有技术和设备无法满足新的需求，人可以利用其特有的创造性对机器进行不断的调整和改进，从而更好地提高安全水平，保障乘客及站内人员、相关机器设备的安全。

二、影响城市轨道交通运营安全的人员分类

（1）运营系统内部人员。

运营系统内部人员包括各级领导人员、专职管理人员、基层作业人员，是保证运

营安全的最关键的人员。

（2）运营系统外部人员。

运营系统外部人员即指乘客，其对运营安全的影响主要体现在：

① 攀爬、跨越栏杆和检票闸机，或强行冲闸；

② 站台屏蔽门关门提示警铃鸣响、灯光闪烁时，抢上抢下车；

③ 非法拦车、非紧急状态下动用紧急或安全装置等任何方式阻碍列车正常运行；

④ 跳下站台，进入轨道、隧道或其他地铁限制区域；

⑤ 擅自操作有警示标志的按钮、开关装置；

⑥ 损毁或移动地铁设备设施；

⑦ 在车站、站台、站厅、出入口、通道、通风亭、冷却塔外侧5米内停车辆、堆放杂物或者擅自摆摊设点堵塞通道；

⑧ 在车站或列车内滋事斗殴。

三、轨道交通运输安全对人员的素质要求

（1）对运输系统内人员的素质要求。

① 思想素质与技术业务素质：城市轨道交通系统是一个包含土建、车辆、供电系统、通信信号、运营管理等方面的复杂大系统。系统的安全性与可靠性贯穿于设计、施工、运营管理等各个阶段。对于不同岗位的工作人员，高质量地完成本岗位工作，是确保轨道交通安全高效运营的关键。因此，必须加强对工作人员的法制教育、技术教育、安全教育和职业道德教育，做到全员培训，持证上岗，建立职工安全教育档案，强化安全三级网络教育，并定期进行考核和检查，通过教育、培训，提高职工安全意识。创建良好的企业文化、营造良好工作环境和学习氛围，能把企业员工和行为动机引导到企业目标上来。另外，应加强轨道运输安全乘车意识和乘客在紧急情况下逃生自救知识的宣传教育，以减少由于乘客失误而产生的地铁运营事故。

② 生理素质和心理素质：健康的身体和强健的体魄是一个人成长和实现幸福生活的重要基础，也是身心愉悦成就事业的重要保障，更是家庭幸福和睦、国家兴旺发达的保证。我们现在处在一个竞争激烈的社会，或许面对复杂的工作环境、强大的工作压力、常年的出差奔波，更加需要保持旺盛的精力和强健的体魄。所以我们一定要加强体育锻炼，要因地制宜地开展各项体育活动，如以集体形式组织和当地单位开展各类球赛，可以利用附近的体育场馆开展体育活动，个人就近每天跑步散步等。体育锻炼贵在坚持，只有从思想上高度重视了，才会有积极的行动，才能形成良好的氛围和习惯。同时，在工作中要和不同层次的人员打交道，职业要求我们必须时时注意培育一个健康稳定的心态，保持一份文明、克制的行为，时刻提醒自己保持淡定、稳定、坚定的情绪，以坚定沉着应对万象，以清醒冷静应对纷繁复杂的情况。

（2）对运输系统外人员的安全素质要求。

需要严格遵守轨道交通运输安全法规有关规定，具备轨道交通安全法规知识，具有较强的安全意识和一定的安全技能。除了外界人员自身的努力外，可以借助地铁运营公司的宣传教育，大力传播安全防护意识，普及安全防护自救知识，以最大限度地减少地铁事故对乘客造成的伤害。

四、人的可靠性

人的可靠性可以定义为：人在系统工作的任何阶段，在规定的最小时间限度内（假定时间要求是给定的）成功地完成一项工作或任务的概率。人和机器相比较，虽然机器也有失灵、故障等不可靠的地方，但是，在目前技术经济条件下，机器按照设定的条件工作，一般讲是比较靠谱的，不会有很大的变化，也比较容易预测；而人则不然，虽然工作条件、环境条件没有变化，但由于生理、心理的原因，有时动作不准确、不协调，由此导致工作质量下降、操作失误、违章等，这是人的不可靠性的一面，是人特有的秉性。

人固然有不可靠的一面，但与机器不同的是人有思维，有判断能力和学习能力，人有无限的潜能。通过培训，可使潜能不断释放，不但工作能力可以不断提高，而且能够自己发现失误，及时加以纠正，还能发挥创造力，改善和提高整个运行系统的可靠性，这也是人特有的秉性。

在系统设计阶段，一方面，遵循人的因素的原则能有效地提高人的可靠性；另一方面，诸如仔细地挑选和培训有关人员等也有助于提高人的可靠性。为了提高工作系统的安全，除了提高系统硬件的可靠性和改善工作环境以外，重要的是要同时认识到人的可靠性的一面和不可靠性的一面，然后采取措施来提高人的可靠性，以保证运输系统的安全。例如，必须按岗位需要聘用合适的人才，并且通过各种规章制度、操作规程等来防止人的不安全行为，通过人员培训特别是岗位培训来不断提高可靠性。

应力是影响人的行为及其可靠性的一个重要因素。显然，一个承受过重应力的人会有较高的可能性造成失误。根据研究表明，人的工作效率与应力是成反比关系的。

影响人的应力因素是多方面的，如不喜欢做现在的工作或事情；严重的经济困难造成的心理上的压力；在工作中得到晋升机会很少；缺乏完成现在工作的能力；健康欠佳；时间上要求很紧的工作等。

随着人们越来越意识到人的失误行为中的管理决策的重要性，目光的焦点就更加集中在加强人员培训、恰当的人员配置、完善设计与规程和提高管理质量等方面，以此来代替仅仅对事故责任者的惩罚。

任务二 2002年4月23日美国加利福尼亚火车脱轨事故

一、事故回顾

2002年4月23日,美国加利福尼亚州中央谷地一列载有约170名乘客的铁路列车遭遇拖车撞击,随后引发的脱轨事故导致至少20名乘客受伤。美联社报道,当天中午12时25分,列车行驶至汉福德镇南部铁轨,突然遭遇运棉垃圾的拖车撞击。遭遇撞击后,列车继续行进大约180 m,遇上铁轨急转弯,随后发生脱轨。当地助理治安官戴夫·帕特南说,事发地为铁轨和公路交叉口,设有栏杆,可在列车经过前后阻断公路交通。

二、原因分析

洛杉矶城市轨道交通局发言人对媒体表示,发生这起城市客运列车与货车相撞的事故是由于客运列车驾驶员的疏忽所致,这名驾驶员在一个本应停车让行的道口闯了红灯,才导致列车与迎面开来的货车相撞。

三、知识拓展

由于司机已经在事故中丧生,故没有对司机追责。这起列车相撞事故是洛杉矶城市轨道交通系统1992年正式启用以来伤亡最惨重的事故,也是美国客运列车近20年来发生的最严重的列车事故之一。

道路与铁路的平面交叉分为:

(1)道口:指铁路上铺面宽度在2.5 m以上,直接与道路贯通的平面交叉。按看守情况分为"有人看守道口"和"无人看守道口"。

(2)人行过道:指铁路上铺面宽度在2.5 m以下(城市一般为0.75～1.5 m,乡村一般为0.4～1.2 m),与道路贯通的平面交叉。人行过道只准通过行人、自行车(较宽的人行过道可通过人力车),不准畜力车及机动车辆通过。

(3)平过道:指在车站、货场、专用线内,专为内部作业使用,不直接贯通道路的平面交叉。

道口的设置原则:

(1)铁路与道路相交,应优先考虑设置立体交叉,努力减少道口的数量。在有地形条件的地方要多修小型、简易立交。铁路、交通、城乡建设各部门必须互相配合促进道口逐步改为立体交叉的建设;地方政府在拆迁、征地、封路施工等方面应积极协助。设置立交时所需投资,按国家规定由有关部门共同协商确定。

(2)新建铁路的道口密度,在人口稠密地区,以两千米以内不超过一处为宜;在人口较稀疏地区,道口还应适当减少。铁路车站内原则上不设道口。在城市内,应结合城市规划综合考虑铁路与道路的交叉设施。

（3）新开辟道口或人行过道，应由申请单位向铁路部门提出申请，国家铁路由铁路局进行审批，其他铁路由相当于铁路局级的各铁路管理部门审批，在城市内由铁路与当地城市规划部门共同研究、确定。未经批准，任何单位或个人不准擅自铺设道口和人行过道。

（4）由于道路改建而引起道口移设或加宽时，道路部门应承担道口移设或加宽的全部费用，并应提前与铁路有关部门取得联系，经双方协商一致后方可实施。

车辆、行人通过设有道口信号机的铁路道口时，要遵守下列道口信号的显示规定：

（1）两个红灯交替闪烁或红灯稳定亮时，表示火车接近道口，禁止车辆、行人通行；

（2）红灯熄灭白灯亮时，表示道口开通，准许车辆、行人通行；

（3）当红灯和白灯同时熄灭时，表示停电或设备发生故障，道口信号无效。在这种情况下，必须听从道口看守人员和道口安全管理人员的指挥。

道口肇事的处理：

（1）各种车辆、行人及大牲畜通过铁路道口以及人行过道、平过道发生事故造成损失时，按照国务院有关规定进行调查，确定事故责任，其损失费用由责任一方负担；双方都有责任的，由双方合理负担。发生事故造成人身伤亡或严重经济损失构成犯罪的，由铁路或地方有关部门对肇事责任者依法追究刑事责任。

（2）对扰乱铁路道口交通秩序、损坏道口设备、违反铁路道口通行规定、危害铁路行车安全等行为，铁路部门可根据情节轻重予以经济处罚，核收赔偿费和罚款。其具体实施办法，由各铁路局会同省、自治区、直辖市有关部门制定。

查询了解我国动车组司机主要工作内容。

任务三　2004 年 4 月 22 日朝鲜龙川火车相撞事故

一、事故回顾

2004 年 4 月 22 日，当地时间下午 2 时左右，两列分别运送天然气和液化石油气的火车在朝鲜平安北道龙川火车站附近发生相撞，造成剧烈爆炸并引起大火。

二、原因分析

事故公认由疏忽失职造成。由于司机操作不当，导致一列装有硝酸铵的列车和一辆油罐车在倒轨调车时相撞，电线杆被撞后，电线触及车体爆出火花，造成爆炸。

朝鲜官方调查结果报道，平安北道龙川郡火车爆炸事故造成的损失估计高达480亿朝元（约合3亿欧元）。爆炸产生的威力相当于100余吨炸药爆炸的威力，爆炸冲击波半径达4 km。龙川郡火车站附近的公共建筑、30多幢产业和商业设施以及8 100多户居民的住房遭到了破坏，有约1 850幢建筑倒塌，6 350幢建筑受损。据统计至少161人死亡，1 300多人受伤，龙川小学70多名学生死亡。

三、知识拓展

铁路危险品运输知识关联：危险品（Hazardous Material）是指：凡受到摩擦、撞击、扳动、接触火源、日光曝晒、温度变化或遇到性能有抵触的其他物品等因素的作用，能够发生燃烧、爆炸、中毒等人身伤害或财产损失事故的物品，统称易燃、易爆、有毒危险品。

我国的危险品运输一般要求如下几点：

（1）运输车辆及其工具相应固定。

（2）装载危险品的车船应悬挂危险品明显标致。

（3）装运危险品的车船上应设有相应的防火、防爆、防水、防日晒等设施，并配备相应的消防器材和防毒用具。装运粉末状的易燃、易爆、有毒危险品应有防止粉尘飞扬的措施。

（4）汽车装运危险品应按规定的时间、指定的路线及车速行驶，不准将危险品任意卸在铁路上，停车时应与其他车辆、明火场所、高压电线、仓库和人口稠密处保持一定的安全距离。气瓶集装车的气瓶头部应朝同一方向，运输时气瓶分阀和总阀均应关闭。

事故资料分析表明，危险品储运过程中发生频率高、损失严重的事故类型主要是火灾事故、爆炸事故和毒气泄漏事故。

1. 火灾事故

火灾事故是指发生着火且造成财产损失或人员伤亡的事故。国家标准《火灾分类》（GB4968—85）按物质燃烧特性将火灾分为四类：A类、B类、C类和D类火灾。这种分类方法对防火和灭火，特别是对选用灭火剂和灭火器材有指导意义，但对预测火灾事故的损失并无多大帮助。

按照火灾持续时间的长短，火灾可以分为瞬间火灾和非瞬间火灾。瞬间火灾指持续时间很短的火灾，例如火球和闪火。非瞬间火灾是指持续时间比较长的火灾，例如池火灾。池火灾是指失火现场的一层液体挥发出的物质的持续燃烧现象，如油罐火灾、油井火灾等。

按照火灾发生在露天还是密闭空间内，火灾分为室外火灾和室内火灾。

2．爆炸事故

爆炸事故是指由于某种原因发生的意外爆炸，爆炸事故一般会造成财产损失或人员伤亡。根据爆炸反应的性质，爆炸事故分为物理爆炸事故、化学爆炸事故和核爆炸事故。在化学危险品生产、储存和运输过程中，发生频率高、后果严重的爆炸事故主要是以下四类：凝聚相爆炸事故、无约束蒸气云爆炸事故、有约束可燃气体（含蒸气）和粉尘爆炸事故、沸腾液体扩展蒸气爆炸事故。

3．毒气泄漏事故

毒气泄漏事故指有毒气体或蒸气意外泄漏到空中，并在空中扩散，使得泄漏源附近来不及疏散或采取有效防护措施的人员发生中毒的事故现象。根据泄漏持续时间长短的不同，毒气泄漏分为瞬间泄漏和连续泄漏。瞬间泄漏是指持续时间很短的泄漏，连续泄漏是指持续时间比较长的泄漏。

提高铁路危险品运输安全的对策：
（1）严格资质认证，加强从业人员培训。
（2）强化承运管理，严把危险品运输审查关。
（3）落实安全措施，严格装车监控。
（4）建立完善的铁路危险化学品应急预案。

请对如何提高铁路危险品运输的安全性提出相应对策。

任务四　2005年4月25日日本火车与汽车相撞事故

一、事故回顾

当地时间2005年4月25日9时20分左右，日本西部兵库县一列载有580多名乘客的列车在以117 km/h的速度行驶时，撞上了停在铁轨上的一辆汽车。列车7节车厢中有3节车厢出轨，并在强大惯性作用下撞入路边公寓楼底层，最终造成107人死亡，549人受伤，成为日本历史上最为惨重的列车事故之一。

图 5.4

图 5.5

图 5.6

二、原因分析

经查明，列车在驶入这个弯道时，应该减速至 70 km/h，但是这位 20 多岁的司机却并没有按照规定减速，依然以 117 km/h 的速度前行，最终导致脱轨抛飞。但是，日本国土交通省的事故调查委员会的专家们认为，这一事故的主观原因是这位司机的失职，但是客观的原因是沿线没有安装监控超速行驶的自动刹车系统。

这一起被称为"福知山线脱线事故"的惨案，导致日本政府和国会修改了《铁道事业法》，规定各铁路公司必须在铁路沿线安装"自动列车停止装置（ATS）"，以防止此类事故的再次发生。

联系生活中发生的安全事故，分析人的失误如何导致事故发生。

任务五 2006年1月23日黑山共和国列车脱轨坠入山谷事故

一、事故回顾

一列满载乘客的火车在黑山共和国首府波德戈里察附近脱轨，坠入深谷。由于事发地点地势复杂，救援工作相当困难。造成46人死亡，其中包括5名儿童，另有198人受伤，其中50人伤势严重。这列火车正从黑山北部城市比耶洛波列开往南部城市巴尔，当地时间下午4点左右，在行至距离黑山首府波德戈里察约15 km的比奥切村时，刚从隧道中驶出的火车发生脱轨事故，有4节车厢坠入轨道旁约50 m深的莫拉查河谷中。

图 5.7

图 5.8

二、原因分析

经初步调查发现,列车制动系统故障和人为因素共同导致了列车脱轨。有迹象表明,列车司机没有完全遵守规定的操作程序。最终出事列车司机因涉嫌危害安全被逮捕。

通过查询资料了解在特殊环境下如何进行救援。

任务六　2008 年 1 月 23 日北京至青岛 D59 次列车路外交通事故

一、事故回顾

2008 年 1 月 23 日 20 时 48 分,北京开往四方(青岛)的 D59 次动车组列车运行至济南铁路局管内胶济线安丘至昌邑间时,发生重大路外交通事故,造成 18 人死亡,9 人受伤。

二、原因分析

官方认定此次事故是由于"无资质包工队违法违规施工"造成的。

据调查，事故发生地点是计划于当日 22 时至次日 1 时 30 分进行线路拨接作业的处所。按施工方案，当日 21 时起施工范围内列车限速每小时 45 km 运行，此时，施工作业人员方能进入工点进行施工准备。但部分工人却提早在晚上 8 时 40 分左右砸开栅栏的门锁进入线路开始施工，当时动车 D59 次仍按照原定约 200 km/h 的高速运行，在经事发地点时，其强大气流把工人卷进车底，从而导致了这次事故。

以小组形式还原事故发生全过程，最后讨论得出预防措施。

项目六

设备原因引发的事故

轨道交通运输是一项庞大而复杂的作业,其中各项设备设施从小到大不计其数,任何一个零部件出现问题都可能导致事故的发生。因此本项目通过分析具体案例,从而认识设备在整个轨道交通中的重要性。

1. 掌握设备原因引发事故的分类。
2. 理解设备原因引发事故各部门的应急处理方法。
3. 理解设备原因引发事故时各运营岗位员工的应急处理措施。

任务一 2012年9月22日广州地铁2号线南浦站突发故障事故

一、事故回顾

2012年9月22日15时23分,某地铁二号线南浦站突发道岔故障,导致往嘉禾方向列车晚点10分钟,发班间隔一度拉长8分钟,直到16时18分行车间隔才恢复正常。受此影响，部分旅客差点错过高铁列车。

二、原因分析

此次事件是因道岔故障引发的。

三、知识链接

根据海恩法则：每一起严重事故的背后，必有29次轻微事故和300起未遂先兆及1 000起事故隐患。

因此我们简单列举某地铁某车上半年发生的故障：

一月：

1月30日，三号线往天河客运站方向列车车门故障。

1月20日，一号线出现信号故障。

1月28日，三号线机场南高增区间出现信号故障。

1月22日，一号线往西朗方向列车在体育西路出站后自动停车。

1月22日，一号线公园前发生信号故障。

二月：

2月29日，三号线一辆开往益田方向的列车出现车门故障，造成营运中断，20分钟后故障排除，全线恢复运营。

2月23日，地铁一号线又出故障信号系统接受"拷问"2012年2月18日八号线凤凰新村站出现道岔故障。

2月18日，三号线往番禺广场方向列车在五山站出现车辆制动故障。

2月17日，八号线凤凰新村站出现道岔故障。

2月15日，一号线广州东站发生道岔故障。

2月4日，二号线往嘉禾方向列车在萧岗发生故障。

三月：

3月12日，下班高峰，地铁号线再次因设备故障导致列车运行间隔变长。

3月2日，广州地铁3号线因车门故障致使停运20分钟。

四月：

4月10日，地铁早高峰再生故障。一根拐杖"夹停"一号线。

1. 设备事故的定义及分类

设备事故是指工业企业设备（包括各类生产设备、管道、厂房、建筑物、构筑物、仪器、电讯、动力、运输等设备或设施）因非正常损坏造成停产或效能降低，直接经济损失超过规定限额的行为或事件。加强设备事故的管理，其目的是对所发生的设备事故及时采取有效措施，防止事故扩大和再度发生。并从事故中吸取教训，防止事故重演，达到消灭事故，确保安全生产。

按照有关制度规定，设备事故可分为三类：

（1）重大设备事故：设备损坏严重，多系统企业影响日产量25%或修复费用达4 000元以上的；单系统企业影响日产量50%或修复费用达4 000元以上的；虽未达到上述条件，但性质恶劣，影响大，经单位讨论，领导同意，也可认为是重大事故。

（2）普通设备事故：设备零部件损坏，以致影响到一种成品或半成品减产；多系统企业占日产量5%或修复费用达800元以上的；单系统企业占日产量10%或修复费用达800元以上的。

（3）微小事故：损失小于普通设备事故的，均为微小事故。

事故损失金额是修复费、减产损失费和成品、半成品损失费之和。其中：

（1）修复费包括人工费、材料费、备品配件费以及各种附加费。

（2）减产损失费是以减产数量乘以工厂年度计划单位利润。设备修复后，因能力降低而减产的部分可不计算。

（3）成品或半成品损失费是以损失的成品或半成品的数量乘以工厂年度计划单位成本进行计算。

2．设备事故的预防

对设备事故的防备和控制要以人为主，通过开展防备性达到保证设备运行的目的。

（1）选购合格设备；
（2）做好设备的安装、调试和验收；
（3）为设备运行提供优异的环境；
（4）为设备运行提供人的素质保证；
（5）制定法规，保证设备运行；
（6）做好设备定期补缀；
（7）做好设备的日常维护保养；
（8）做好设备运行中的检查；
（9）汲取事故教训，避免同类事故重复发生；
（10）做好设备的更新改造。

四、事故处理

设备事故发生后，对事故责任者，在查清原因的基础上，要认真、严肃、实事求是地给予适当的处理，以教育事故本人和其他职工，各级领导也应从中找出企业管理的不足之处，主动承担领导应承担的责任。设备事故按其发生的性质可分为以下三类：

（1）责任事故。凡属人为原因，如违反操作规程、擅离工作岗位、超负荷运转、

加工工艺不合理及维护修理不当等，致使设备损坏或效能降低者，称为责任事故。

（2）质量事故。凡因设备原设计、制造、安装等原因，致使设备损坏或效能降低者，称为质量事故。

（3）自然事故。凡因遭受自然灾害，致使设备损或效能降低者，称为自然事故。

任何责任事故都要查清原因和责任，对事故责任者应按情节轻重、责任大小、认错态度分别给予批评教育、行政处分或经济处罚，触犯刑律者要依法制裁。对设备事故隐瞒不报或弄虚作假的单位和个人，应加重处罚，并追究领导责任。设备事故频率应按规定统计，按期上报。

在安全问题中，人无疑是十分重要的因素，人也是安全矛盾的主要方面。安全问题影响最大的是人，而我们在安全生产和运营中最重要的保护对象也是人。机器设备毁坏了可以重修，但人的生命是最珍贵的，也是无可替代的。并且在轨道交通系统的运营乘客心里，安全问题及其重要并无法忽视。即使是在现代化的今天，科学技术日新月异，多项流程控制都一一实现了全自动化模式，但每个环节、每项作业中，都摆脱不了是由人来参与并处于主导地位的。

任务二　2012年6月11日南京地铁1号线供电设备故障事故

一、事故回顾

"南京地铁1号线全线误点，速度超慢，只听到生硬的'临时停车'提示音，走走停停，不知道到底发生了什么情况？"南京地铁1号线的乘客爆出地铁问题。原来，当天6:16，地铁1号线一列车正常从奥体中心站运行至安德门站出站200 m处，随车巡检人员发现地铁供电接触网绝缘子瓷瓶破损，南京地铁运营分公司随即启动了接触网应急抢修预案。为确保运营安全，避免早高峰和白天时段故障扩大、对地铁运营造成更大的影响，地铁控制中心立即组织进行设备抢修。经专业人员抢修，6:29破损瓷瓶更换完好，接触网供电恢复正常。受此故障影响，安德门站开往迈皋桥站的列车最长延误13 min。

二、原因分析

故障抢修期间，控制中心临时调整该区段运营组织，因故障发生和发现时间早，出行乘客少，未造成较大影响。同时由于设备抢修及时，保证了早高峰和白天期间地铁的正常运营。地铁运营分公司向一大早出行受此影响的乘客表示歉意。

任务三　2012年11月22日韩国釜山地铁追尾事故

一、事故回顾

韩国南部城市釜山地铁发生两车相撞事故,致使百余人受伤。下午6时,3号线恢复运营。据韩国当地电视报道,22日上午8时左右,韩国南部城市釜山地铁发生两车相撞事故,致100余人受伤。据悉,当时3号地铁线一辆地铁列车在杯山站至水满谷站区间发生故障,后续赶来分流乘客的列车由于速度过快而撞上前车。下午6时,3号线恢复运营。据韩国媒体报道,事发当时,地铁3038号列车因故障停在水漫谷(音译)车站前100 m处等待救援。为牵引3038号列车,3040号列车在前一站卸下所有乘客后,前往救援。在经过一个弯道后,3040号列车突然看到停在前方的3038号列车,虽紧急刹车,但依然追尾。事后,3040号列车司机表示事发时并不知道3038号列车停靠的确切位置。目前有100多人在医院接受治疗,其中30多人住院。

图 6.1

图 6.2

二、原因分析

2012年8月，釜山地铁1号线大邱站发生火灾，导致40多名乘客吸入有害气体。事故发生后，大邱市消防部门立即赶往火灾现场进行灭火救人工作。当66辆消防车和救护车冲往事发现场时，附近街道的正常交通几乎陷入了瘫痪，所有地铁也停止运行。有关方面还在地铁附近建立了紧急救护中心，大约有3 200名消防人员投入了救援工作。

身穿橘黄色服装的消防人员戴着防毒面具、背着氧气瓶冲入地铁车站，由于地铁站内浓烟滚滚，救援人员只能用接起来的绳索摸索着一个个下到地铁站内救人，救援进度大受影响。救援人员将脸部和衣服被熏得一片漆黑的乘客从地铁站内抬到大街上，部分被抬出的乘客已昏迷不醒，受伤乘客立即被送往附近8家医院进行抢救。救援人员说，许多伤者是因为吸入毒气而被送往医院接受治疗的。医院方面则表示，伤员共有两种情况，一是被烟熏伤，他们在地铁里长时间受到有毒气体的熏灼，不少人几乎窒息；另一种情况是被烧伤的，而这些人的伤势相对比较严重。地铁大火熊熊燃烧了3小时，直到下午1时才被扑灭。然而，塑料等物燃烧后造成的刺鼻毒气和浓烟仍然蔓延在地铁车站内，给救援工作带来了巨大的困难。到当天下午3时，消防人员仍然戴着防毒面具在地铁车站内寻找可能的幸存者，大量黑色浓烟仍从地铁通风管和楼梯间源源不断涌向地面，浓烟逼得救援直升机根本无法靠近。

最先着火的是一组6节列车，载有旅客约400人。4分钟之后，另一组与起火列车相反方向驶来的列车也进入中央路车站，这也是一组6节列车，载有旅客约400人。后进站的这组列车的驾驶员因为害怕有毒气体进入车厢而没有及时打开车厢门疏散乘客。等再想打开列车的车门时，电被切断了，从而全体乘客都被关在了黑暗的车厢内。一些车厢的乘客找到了应急装置，用手动方式打开了车门得以逃生，但是许多车门一直未被打开。大多数死者是第二组列车上的乘客。

三、存在问题及建议

据韩国专家和媒体的分析，目前韩国地铁大致存在三个方面的问题：

（1）设备方面的隐患，车站和车厢内安全装置不足。

韩国的地铁车站内虽然安装了火灾自动报警设备、自动淋水灭火装置、除烟设备和紧急照明灯，但是这些安全装置在对付严重火灾时仍明显不足，尤其是自动淋水灭火装置。由于车厢上方是高压线，为了防止触电，车厢内均没有安装这种装置。因此，此次大邱市地铁发生大火时，不可能尽早扑救。车站断电后，四周一片漆黑，紧急照明灯和出口引导灯均没有闪亮。此外，车站内的通风设备容量不大，只能保障平时的空气流通，难以排除大量的浓烟。车厢内的座椅、地板等虽然采用耐燃材料，一旦燃烧起来仍会散发出大量有毒成分。韩国媒介报道说，火灾的死亡者中有许多是在跑出车厢后找不到出口而被含有有毒成分的浓烟窒息而死的。

（2）法律还不健全。

韩国专家们特别指出，韩国现行的《消防法》只注重固定的建筑和设备，而飞机、船舶、火车等移动的大众交通工具在《消防法》中是个死角。韩国媒体报道说，大邱市地铁1997年开通时采用的有关防火安全的标准，还是19世纪70年代韩国首次开通地铁时的标准，已经不适合当前的情况。

（3）安全教育流于形式。

韩国每年都进行"民防训练"，学习在紧急情况下逃生和保障安全的知识。韩国媒体和专家指出，这些民防训练"大多流于形式"，人们在慌乱时全然不知使用现有的灭火器材进行灭火。

除了上述原因外，韩国专家们还认为，地铁公司平时的麻痹大意、安全意识不强、安全保卫人员不足以及通信联络不完备等，也是造成此次地铁火灾大批人员伤亡的重要因素。特别是当时车站的中央控制室管理不力，没有及时阻止另一列列车进入已经失火的车站，更造成了伤亡人员增加。

任务四　2012年7月4日某地铁3号线屏蔽门爆裂事故

一、事故回顾

2012年7月4日午时12时许，地铁三号线地铁站内一块屏蔽门的玻璃忽然爆裂，屏蔽门开门出的一块玻璃完全破碎，相邻的一块玻璃也已经破碎成蜘蛛网状。事发时未有地铁驶入，但是一名正在地铁站内等候地铁的乘客被玻璃碎片弹中，所幸并无大碍。

图6.3

图6.4

图 6.5

二、原因分析

此屏蔽门爆裂属自然开裂现象。

屏蔽门相关故障深入探究：

（1）当列车到站停靠时，安全门和车门几乎同时开启，同时关闭。由于地铁列车停靠时间短（一般为 20 s，大站为 30～40 s），这对于行动迟缓的乘客来说，有可能在被卡在安全门与列车之间，后果严重。

（2）屏蔽门能使站台保持恒温和有效的隔离列车驶入车站时的噪音，但是列车驶入车站时会产生巨大的热量，这对屏蔽门玻璃的要求就非常的高，一旦破碎就很有可能造成乘客受伤以及列车无法正常营运。

（3）在使用屏蔽门时，会因为检查不仔细，未能及时发现屏蔽门本身的故障（如钢架结构变形、密封材料松脱、固定门变形、松动脱落、应急门门锁失灵等），造成人员伤亡。

（4）站台工作人员在已发生故障的屏蔽门处，未及时设置故障提示或是在屏蔽门故障处提醒乘客，让乘客吃"闭门羹"，错过下车时间。

（5）乘客不顾工作人员的提醒倚靠在屏蔽门上，当屏蔽门开启时，反应不及时，可能发生摔倒等情况。

（6）在大客流情况下，乘客不按照"先下后上"的原则，造车车门处的拥挤，在车门关闭时，极可能会有乘客被关闭在屏蔽门与车门之间的缝隙里，如未能及时发现，会影响乘客的生命安全。

三、知识链接

（1）加大对屏蔽门系统的检查，不忽略小细节，让事故消灭在萌芽状态，使屏蔽门系统能够安全可靠地服务于地铁、服务于乘客。

（2）发现故障应立即排除或是故障出放置警示标志，以提醒乘客注意安全。

（3）站台工作人员在列车即将到站时提醒乘客不要靠近车门，上下车时请先下后上。

（4）在屏蔽门和车门之间加装照明设备和警报装置，避免乘客伤亡。

（5）完善安全系统和警示装置，通过采用红外线探测装置，可以解决目前地铁屏蔽门系统对发生夹人事故的最重要的基本事件考虑的不足；还可在即将关闭屏蔽门时，发出蜂鸣声，并进行语音提示"屏蔽门正在关闭，请勿上下车"等。

屏蔽门系统是20世纪80年代出现的一种随着城市轨道交通不断的发展的需求而产生的先进装置，它设置于地铁站台边缘，将列车与地铁站台候车室（厅）隔离开来，在列车到达和出发时可自动开启和关闭。特别是在大客流站台，能够有效地避免因拥挤或其他原因造成乘客掉入轨行区而侵入限界，避免事故的发生，从而影响到正常运营秩序。使乘客能够更快、更好的到达目的地。地铁屏蔽门的安装也为乘客营造了一个安全、舒适的候车环境。

屏蔽门可分为封闭式、开式和半高式，其中开式和半高式通常被叫作"安全门"，只起到安全和美观的作用。通常封闭式的才被人们叫作"屏蔽门"，也是最常用的一种。

任务五　2012年12月7日西安地铁突发故障事故

一、事故回顾

由于疑似"逆变器故障"，致使西安一列正常运行的地铁列车不得不中途停车，让旅客全部下车后移至停车线。此次事故造成列车晚点7 min，实际上间隔了14 min，地铁运营分公司已在各站进行书面致歉。

当天7时50分，当11502次列车行驶到运动公园站至行政中心站时，忽出现短时间断电，后又瞬间恢复，列车仪表显示是"逆变器故障"。为保证乘客安全，该车停靠行政中心站后让旅客全部下车，由于短时间无法判断前方故障原因，尾随的列车也在运动公园站清客，11502列车行至凤城五路至图书馆之间的存车线暂存。8时22分全线恢复正常。

二、原因分析

初步判断事故原因是"车辆逆变器发生故障"。据悉，逆变器是列车上一种把直流电变交流电的装置。"故障导致7:50—8:20运行的上行列车约晚点7 min"，西安地铁运营分公司解释，但由于列车临时退出，致使中间出现断档，使得其前后间隔实际上是 14 min。事故发生后，列车运行时刻表进行了适当的调整，在一些站点有不同程度的停靠。

任务六　2013 年 1 月 19 日杭州地铁 1 号线列车抛锚事故

一、事故回顾

2013 年 1 月 19 日，杭州地铁 1 号线临平段一趟从临平开往客运中心站的地铁列车，途经乔司站和乔司南站（都为高架站）时突然抛锚。杭港地铁紧急调动另一辆空的地铁列车从后方接近，挂钩连接，让两辆车固定成一辆车，用后一辆车的动力顶推前车到达乔司南站，这时距离抛锚已经过去了 20 min 左右。车上的乘客最终被安全疏散下车，故障列车继续被顶推到客运中心站停车场进行检修。20 日上午 9 点，杭州地铁 1 号线临平段支线恢复正常运营，故障期间无人员伤亡，延误两趟列车。

二、事故分析

这是自杭州地铁 1 号线试运营以来，地铁列车第一次因为突然失去动力而抛锚。南京地铁技术专家表示，严谨来说，这应该叫列车紧急制动，是地铁列车的一种自我保护和对车上乘客的保护。地铁技术专家告诉记者，一般来说，地铁列车在牵引运行中突然发生紧急制动有多种原因，主要有以下几类情况：自动制动阀与分配阀故障；信号故障；接触网断了；车辆制动机故障。而多位地铁专家认为，比较大的可能性应该是信号问题。"当然要以最终结果来定论，但一般来说，只要信号接收不到，或者信号中断，列车就会紧急制动。"

模块三　特殊类型事故案例认知

　　本模块主要介绍由于乘客携带违禁物品、恐怖袭击导致发生的事故和由于技术设备的影响而导致发生的事故。总结案例事故，通过事故回顾和事故原因分析，让学生掌握事情分析处理能力，更重要的是为了让学生有安全意识，在工作中不能马虎。正因为有了这些血的教训，我们在运营时更应该完善以下工作：加强车站内的安检工作，完善安检制度、加大安检物资和人力的投入；加强关于列车发生火灾、毒气、爆炸、恐怖袭击等方面的应急演练；加大对工作人员和乘客的安全教育，在车站内播放安全教育短片，让乘客掌握基础的逃生知识，懂得自救和他救，减少紧急情况下的人员伤亡；加强对消防设备、监控设备的检测，做好巡视工作和监控工作；强化安全管理制度；高度重视技术改造，全面实施消隐工程，不断提高车辆设备技术；提高抢险救援的能力。

项目七

携带违禁物品引发的事故

项目导学

安全是指没有受到威胁、没有危险、危害、损失。人类的整体与生存环境资源的和谐相处,互相不伤害,不存在危险、危险的隐患,是免除了不可接受的损害风险的状态。安全是指对人类的生命、财产、环境没有受到损害的状态。中国当前的国家安全观包括政治安全、国土安全、军事安全、经济安全、文化安全、社会安全、科技安全、信息安全、生态安全、资源安全、核安全等11种。传统安全的目标是领土安全和主权安全,非传统安全的目标是人的安全和社会安全。

全国每天都发生安全事故,随着轨道交通的发展,交通安全问题更不能忽视,据统计,近年来轨道交通的恐怖袭击事件或灾难性事故屡有发生,造成严重的人身伤亡事件和财产安全损失。全球共发生数百起针对地铁及其相关设施的恐怖袭击事件,近几年此类恐怖袭击更是有增无减。现阶段正是我国城市轨道交通建设的高速发展时期,应对恐怖威胁已经成为轨道交通安全的首要任务。

城市轨道交通系统人员密度程度高,由于乘客客流量巨大,工作人员很难对每个进入车站的人员进行检查,恐怖分子很容易混入。城市轨道交通系统又不能牺牲其公共服务特性而采取隔绝措施或者像机场那样进行严格控制以确保安全,必须分析其安全威胁的特点,提出防范目标,采取防范措施;并根据各种措施的功能和特点,系统地设计和运用,以达到保证乘客和相关人员安全的要求。通过事故学习,主要目标是控制、预防、排除及避免意外伤害事故发生,保证和维护乘客生命安全;提高警觉心态,确保乘客生命和财产安全。乘客的安全即人的安全,保证人的安全也是保证社会的安全。一方面通过城市轨道交通的性质分析事故容易发生的原因及引发因素,通过赏析典型案例,形成分析事故原因的思维方式,另一方面强调工作安全意识,培养学生的工作态度,爱岗敬业,认真仔细,减少事故的发生,预防事故的发生。

本项目主要列举由于乘客携带违禁物品、恐怖袭击引发的事故,并对事故进行案例分析。主要目的是通过事故回顾，分析事故原因，增强学生的安全意识，保证乘客的安全。

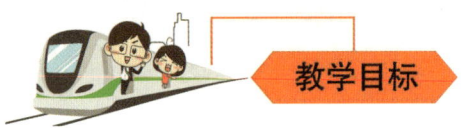

1. 掌握事故分析处理能力。
2. 培养学生的安全意识。
3. 培养良好的工作态度。
4. 提高面对突发情况的应急处理能力。

任务一　1980年2月19日南阳至郑州410次列车爆炸事故

一、事故回顾

1980年2月19日，南阳开往郑州的410次（郑州客运段担当）旅客列车到达郑州车站时，3号车厢因为旅客携带摔炮爆炸，造成1名旅客死亡，8名旅客受伤，客车报废1辆。

二、原因分析

原因1：列车3号车厢旅客携带摔炮爆炸导致。
原因2：车站安检员工作失职。
原因3：车站员工管理不当。

三、知识链接

"摔炮"就是砂炮，是一种一摔就炸的小爆竹。安全砂炮以其新奇、独特、趣味、安全等优点，畅销全国内外，因其外观像一个个小蝌蚪，外国商人称之为"可爱的小蝌蚪"而倍受欢迎，摔炮玩耍很方便，不需用火点燃，手捻、脚踩或随手一摔均可发出清脆的"劈叭"声响，无烟无气味无火花，摔到人身上炸响无任何痕迹留下。

"摔炮"的成分一般含有氯酸钾和赤磷。氯酸钾是强氧化剂，磷是强还原剂，含有这两种物质的药物敏感度非常高，遇撞击或挤压极易爆炸。落地时摔炮与地面间有力的作用，使摔炮做功内能增加。氯酸钾在摩擦产热的情况下发生化学反应产生氧气（$2KClO_3=2KCl+3O_2\uparrow$），是强氧化剂。同时氧气在加热情况下与磷放生燃烧产生爆炸。

如果你是安检员，当乘客疑似携带砂炮、鞭炮之类的物品时，你应该如何处理？如果乘客执意携带，你又该如何处理呢？

任务二　1981年10月20日加格达奇至三棵树274次列车爆炸事故

一、事故回顾

1981年10月20日，由加格达奇开往三棵树的274次列车运行到鄂尔格奇和朝阳村间，由于罪犯实施爆炸，造成旅客3人死亡，65人烧伤，客车大破1辆，中断行车2小时50分。事故发生后，附近居民立即报警，接到报警后，警方立即组织人员赶往现场进行救援，并通知120前去救助伤员。

图7.1

二、原因分析

原因 1：罪犯实施爆炸。

原因 2：车站工作人员没有发现罪犯举止的异常，应加强意识，看到乘客行为不当的应采取措施，避免事故的发生。

三、知识链接

"爆炸"是指在较短时间和较小空间内，能量从一种形式向另一种或几种形式转化并伴有强烈机械效应的过程。普通炸药爆炸是化学能向机械能的转化；核爆炸是原子核反应的能量向机械能的转化；这时在短时间内会聚集大量的热量，使气体体积迅速膨胀，就会引起爆炸。

"爆炸"是一种极为迅速的物理或化学的能量释放过程。在此过程中，空间内的物质以极快的速度把其内部所含有的能量释放出来，转变成机械功、光和热等能量形态。所以一旦失控，发生爆炸事故就会产生巨大的破坏作用，爆炸发生破坏作用的根本原因是构成爆炸的体系内存有高压气体或在爆炸瞬间生成的高温高压气体。爆炸体系和它周围的介质之间发生急剧的压力突变是爆炸的最重要特征，这种压力差的急剧变化是产生爆炸破坏作用的直接原因。

任务拓展

情景模拟，进行角色扮演，将 1981 年 10 月 20 日加格达奇至三棵树 274 次列车爆炸事故重现。

任务三 1984 年 12 月 18 日武昌至广州 247 次列车爆炸事故

一、事故回顾

1984 年 12 月 18 日，武昌开往广州的 247 次（武汉客运段担当）旅客列车，运行在荣家湾至黄秀桥间，3 号车厢因旅客携带雷管发生爆炸，造成该旅客当场死亡，3 名旅客受伤。

二、原因分析

原因1：列车内旅客携带雷管发生爆炸。
原因2：安检工作人员的疏忽，工作不仔细。

三、知识链接

"爆炸"按照爆炸的初始能量不同，爆炸可分为以下6种：核爆炸、化学爆炸、电爆炸、物理爆炸、高速碰撞、激光、X射线或其他高能粒子束照射引起的爆炸。

"爆炸"按燃烧速度分以下三种：

（1）轻爆。物质爆炸时的燃烧速度为每秒数米，爆炸时无多大破坏力，声响也不太大。如无烟火药在空气中的快速燃烧，可燃气体混合物在接近爆炸浓度上限或下限时的爆炸即属于此类。

（2）爆炸。物质爆炸时的燃烧速度为每秒十几米至数百米，爆炸时能在爆炸点引起压力激增，有较大的破坏力和震耳的声响。可燃性气体混合物在多数情况下的爆炸，以及火药遇火源引起的爆炸等即属于此类。

（3）爆轰。物质爆炸的燃烧为爆轰时能在爆炸点突然引起极高压力，并产生超音速的"冲击波"。由于在极短时间内发生的燃烧产物急速膨胀，像活塞一样挤压其周围气体，反应所产生的能量有一部分传给被压缩的气体层，于是形成的冲击波由它本身的能量所支持，迅速传播并能远离爆轰的发源地而独立存在，同时可引起该处的其他爆炸性气体混合物或炸药发生爆炸，从而发生一种"殉爆"现象。

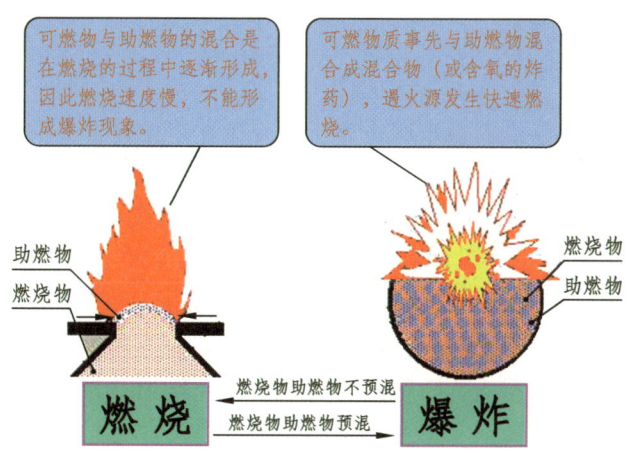

图 7.2

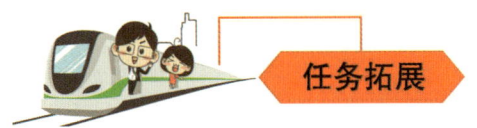

任务拓展

请上网查阅相关资料,针对乘客携带违禁物品发生爆炸的情况,做一个PPT并展示出来。

任务四　2010年3月29日莫斯科地铁两次爆炸事故

一、事故概况

卢比扬卡地铁站的爆炸发生在莫斯科时间2010年3月29日7时52分(北京时间11时52分),一列地铁列车在行驶至莫斯科市中心的卢比扬卡地铁站时,第二节车厢突然发生爆炸,至少造成25人死亡,另有10多人受伤。42分之后,"文化公园"地铁站发生第二起爆炸事件。根据俄罗斯卫生与社会发展部消息,两次爆炸共有41人死亡,74人受伤。俄罗斯侦查委员会已经针对这起恐怖事件进行了刑事立案。俄罗斯国家反恐委员会负责人、俄联邦安全局局长13日宣布,俄方已确定莫斯科地铁恐怖爆炸案及塔吉克斯坦共和国基兹利亚尔市连环爆炸案的组织者、实施者及其同谋。

二、原因分析

莫斯科市检察官当天说,初步调查显示,发生在卢比扬卡地铁站的爆炸威力约为3 kg TNT当量。他说,"爆炸装置捆绑在两名女性自杀式袭击者身上"。

三、知识链接

俄联邦安全局局长表示,俄内务部连同总检察院侦查委员会经过侦查和追踪,已经确定了组织和实施莫斯科地铁恐怖爆炸案及塔吉克斯坦共和国基兹利亚尔市连环爆炸案的犯罪嫌疑人,同时确认了案犯的同谋者,但是没有公布有关案件的详情。

俄联邦安全局局长说,莫斯科地铁恐怖爆炸案和北高加索地区系列爆炸袭击事件发生后,俄强力部门加强了各地安保措施,并对恐怖分子实施强硬打击。"凡是参与和实施恐怖袭击的匪徒以及向其提供帮助的人都应当明白,他们一定会受到应有的惩处。"

俄联邦安全局局长同时透露说，俄强力部门共击毙了牵涉"涅瓦特快"列车爆炸案的 26 名恐怖团伙成员，并逮捕 14 人。证据表明，这些恐怖分子组织和实施了"涅瓦特快"列车爆炸案。

据悉，俄方共抓获了 170 名非法武装分子及其同谋，阻止了 10 起恐怖袭击犯罪事件，截获 150 多千克爆炸物品和 100 多枚自制炸弹。

你对莫斯科地铁两次爆炸事件有何感想？

项目八

设备不良引发的事故

城市轨道交通系统的安全隐患主要包括设备的不安全状态、人的不安全因素、管理上的缺陷，这些客观存在的安全隐患存在于地铁运营的分分秒秒、对于员工人身安全、国家财产安全和公司的发展都直接构成威胁。从发生事故的原因来看，事故致因呈现多样化，包括运营管理难以实施控制的环境因素、设备设施因素，人为蓄意破坏行为、乘客不安全行为、工作人员不规范等人为因素都有可能引发重大运营事故。

我们初步了解一下地铁设备安全隐患的特征，主要有以下8个方面，隐蔽性、危险性、突发性、因果性、重复性、意外性、时效性、特殊性。列出以上隐患特征的目的是为了更深刻地认识和掌握隐患产生、发展的规律，从不同的实践角度及时感知和发现隐患的各种征兆，提前做好隐患的防治工作，不断地开发出技术先进、功能齐全的技术设备，保证设备始终处于质量良好的状态，从而真正达到预防事故的目的。熟悉和掌握这些隐患的特征，及时制定防范措施和彻底排除安全隐患是安全工作的重中之重。

我们保证设备处于良好状态主要依靠以下两方面内容：各类监控系统在列车运营过程中启动监控作用，实时掌握设备及列车运行状况，一旦发生问题马上启动警报；工作人员对监控设备状态的监控，也是城市轨道交通运行监控任务中的另一主要方面。因为在设备状态良好的情况下发生安全事故的概率十分微小，所以监控任务也就主要体现在了工作人员对这些先进设备运行状态的监控上。

1. 掌握排查安全隐患的能力。

2. 培养学生的安全意识。
3. 培养良好的工作态度。
4. 提高警觉心态，保证设备处于良好状态。

任务一　2005年11月21日北京地铁13号线列车脱轨事故

一、事故回顾

2015年11月21日下午1点55分，北京城铁13号线回龙观车辆段一辆空载列车在试车线调试运行时，车辆突然冲出试车线，有三节车厢冲出轨道。由于该列车是空载运行，事故未造成任何人员伤亡。事故发生后，尽管运营公司采取单线双向交叉运营的方式尽量保障运营，但由于抢修工作进行了近6个小时，事故还是让大量乘客的出行受到影响。

二、原因分析

原因1：可能是因为列车速度过快。
原因2：也可能是因为机车自动系统失控导致列车出轨。

三、知识链接

列车脱轨地点位于昌平区东小口镇单家村村口的轻轨高架桥上，当时出事列车冲出试车线土挡，车头部分侵入13号线立水桥至霍营区段上行45 cm处，造成该区段上行正线列车无法正常通过。"要是再往外一点，就要翻到桥下了。"目击者李先生称，下午1点55分，他突然听到"哐"的一声巨响，转头一看，一辆城铁列车在单村村口高架桥上停下来。随后，几名穿制服的列车工作人员从车上下来，没有看见乘客下车。李先生爬到高架桥旁的土堆上，看到有三节列车车厢脱离了轨道，车身倾斜。

北京地铁运营公司一名工作人员称，脱轨列车在调试运行中从二号正线车道变为三号专用车道时发生脱轨，造成车头部分侵入13号线立水桥至霍营区段上行45 cm，使得该区段上行正线列车无法正常通过。据知情者透露，调试车辆设计速度是80 km/h，脱轨原因可能是列车车速过快所致。另有说法称，机车自动系统失控是列车出轨的原因。

抢修近六小时完成脱轨复位

据李先生介绍，下午2点半左右，一个列车车头从霍营方向开到脱轨列车西侧车头前面，从车上下来二十多名身穿黄色背心、戴红色安全帽的工作人员。随后，车头试图拉动列车，但没有成功。记者在现场看到，铁轨在高架桥上由两车道变为三车道，列车车头所在的位置正好是三号专用车道和正线车道的交叉口，车身所在三号车道是列车进库的专用铁轨，南面的一号和二号车道才是正常运营的线路。

城铁列车的四节车厢斜歪在铁轨上，其中三节车厢的车轮已经脱离轨道，脱轨车厢的标号分别是 H4541、H4542、H4543。

H4542 和 H4543 两节车厢已经断开，约有 10 m 左右。一名黄姓目击者称，车厢的连接处被工作人员分开后，被一个列车车头拉开。"分开列车是为了给抢修人员留下操作空间，方便抢修。"现场一名地铁工作人员说。

晚 6 点 30 分，一些负责抢修的后勤人员通过绳子将矿泉水和军大衣吊上高架桥。晚 7 点 13 分，工作人员通过起复机将侵入上行线 45 cm 的车头移上了铁轨。至此，13 号线城铁全线恢复正常，影响多处站点临时关闭。

下午 4 点，东直城铁 13 号线进站口临时关闭，铁栅栏上挂起"因地铁运力不足，有急事者请选择其他交通工具"的蓝牌。几名城铁员工隔着栅栏给乘客退票，指引乘客改乘公交车。值班站长说，东直往霍营上行方向的列车暂时没有，不知何时可以恢复。去往回龙观方向的乘客可以先乘地铁到西直门，再换乘下行列车。大部分乘客听到解释后离开，改道而行。

晚 6 点，西直城铁 13 号线进站大厅由于晚高峰客流量很大，工作人员不得不拉起一道警戒线，隔开买票和换票的乘客。站内广播不停播放"去往知春里方向的列车开车间隔延长，请乘客耐心等待"。一名工作人员说，现在要 20 min 才能发一趟车，而平时在晚高峰是五六分钟发一趟车。

除了两个起始站有相应的措施外，事发点附近的霍营、回龙观和龙泽车站都临时关闭，工作人员和警察组织乘客退票。下午 4 点 10 分，回龙观车站的工作人员关上了车站的铁门，一名工作人员站在门口为退完票的乘客开门，不允许人员进入站内。

双向列车单线交叉运营

北京地铁运营公司的工作人员称，出事后他们采取该区段下行单线双向交叉运营的方式，保证双向列车由下行通过，以此保证全线运营不中断，只是列车间隔加大，尽可能减少对运营秩序的影响。

由东直门方向开往西直方向的列车在事故区段将逆行，主要措施是：上行列车到达立水桥车站就停下来，先让下行的列车通过，再开往西直门。同样，下行的列车到达霍营站也停下来让上行的列车通过后再走。

你对2005年11月21日北京13号线列车脱轨事故有何感想？

任务二　2006年7月3日西班牙地铁列车出轨事故

一、事故回顾

2006年7月3日，在西班牙东部城市巴伦西亚，一名在地铁出轨事件中受伤的妇女被抬上救护车。巴伦西亚政府官员说，该市当天发生地铁出轨事件，造成至少30人死亡。最终统计表明，该事故造成的死亡人数为41人，另有47人受伤。

二、原因分析

根据媒体相关报道，此次事故发生的具体原因分析如下：
（1）列车的"黑盒子"记录显示，列车在即将进入耶稣站前的曲线路段时速度高达80 km/h，超过了该路段的40 km/h的限速。
（2）官方推测，司机在事发前可能失去知觉（可能为昏迷或心脏病发作）。
（3）初步排除人为破坏。
（4）事故司机于4月开始担任司机员工作，缺乏驾驶经验和安全意识。

三、知识链接

巴伦西亚市政府发言人文森特·兰布拉说，当天下午1时，这列地铁在距离市中心某车站只有几米处时，一节车厢在隧道中突然出轨，然后翻车。"初步调查结果显示，这是一起意外事件，造成原因可能是超速驾驶和车轮受损。"兰布拉说，已经排除了这是人为破坏的可能。

事故发生后，救援人员迅速将月台上约150人撤离现场，被困地铁乘客使用手机拨打紧急援助电话，警方也封锁了附近街道。

巴伦西亚是西班牙的第三大城市，距离首都马德里大约350 km，人口70万。据2005年官方统计，当年超过6 000万人次乘坐该市地铁，平均每天大约16.5万人次。

新司机在驾驶时,需要注意什么事项来降低事故的发生呢?

任务三　2009年6月23日美国华盛顿地铁相撞事故

一、事故回顾

2009年6月23日,美国华盛顿两列地铁车辆在下午高峰时间相撞,事故造成至少9人死亡,70多人受伤。两辆车相撞部位严重损毁,相互挤压在一起。为了及时救出被困人员,救援队员不得不将车皮切割。参加救援的哥伦比亚区消防队发言人艾特称这是一场重大伤亡事故,两辆地铁车辆相互交错,上下堆积,地铁上的座椅被撞飞出车厢。救援队员只能用梯子将位于上方的车厢内乘客救出。

地铁公司首席执行官说第一辆地铁车辆原本是停在轨道上等待另一辆地铁车辆,但是第二辆车从后面突然猛烈撞上。两列车各有6节车厢,可以容纳1 200人。

这起地铁事故是华盛顿历史上最严重的地铁事故之一。华盛顿地区上一次发生严重地铁事故还是在1982年1月13日,当天有3人在一起地铁列车出轨事故中遇难。

图8.1

图 8.2

二、原因分析

事故原因：专家怀疑信号系统失灵及驾驶员失误是造成列车相撞的原因。此次事故中的地铁列车应该是自动驾驶，列车上的电脑系统可以自动控制列车的速度和刹车。列车上设计有自动防故障电脑信号系统。如果列车间距太近，电脑系统会自动刹车。即便信号系统出现故障，驾驶员也可以手动实施紧急刹车。

三、知识链接

这一次的事故引发了人们对快速轨道低能安全性的更大关注。轨道交通频频发生安全事故令人忧虑，不管是人为操作失误还是设备故障，这样的事情都不该再次发生了。

四、知识拓展

请上网查阅相关资料，加上自己的理解，对美国华盛顿地铁相撞事故进行分析。

任务四　2011年7月5日北京地铁4号线电梯事故

一、事故回顾

2011年07月5日上午9时36分，北京地铁4号线动物园站A口上行扶梯发生设备溜梯故障，造成一名12岁少年身亡、3人重伤、27人轻伤。

当事乘客回忆，9时30分许，30多人乘扶梯出站。"大家都是乱者站的，有的两两并排，有的大人还抱着孩子。"乘客说，在最上端乘客距离地面只剩下七八米时，上行扶梯突然发出异响并轻微抖动，随后开始快速向后倒。由于事发突然，众人纷纷失去平衡摔倒，压着后面的乘客一起向下滚落。事发后，地铁方立即对动物园站进行封锁，只留C口供人进出。伤者被送往医院救治。当日16时许，京港地铁公司召开新闻发布会，其发言人通报，事故致一名12岁少年死亡，另有30人受伤，其中3人伤势较重，但生命体征平稳。经医生诊断，9名轻伤乘客下午已陆续出院。

市质监局表示，经初步调查，导致事故的直接原因是"固定零件损坏，扶梯驱动主机发生位移，造成驱动链条脱落，扶梯下滑"。目前，4号线运营正常，但所有事故品牌奥的斯电梯已全部停运。

二、原因分析

原因1：扶梯设备"固定零件损坏，扶梯驱动主机发生位移，造成驱动链条脱落，扶梯下滑"。

原因2：电梯有限公司、日常维护保养单位也有一定的责任。

三、知识链接

电动扶梯（Escalator）亦称自动扶梯，或自动行人电梯、扶手电梯、电扶梯，是带有循环运行阶梯的一类扶梯，是用于向上或向下倾斜运送乘客的固定电力驱动设备。

电动扶梯一般是斜置。行人在扶梯的一端站上自动行走的梯级，便会自动被带到扶梯的另一端，途中梯级会一路保持水平。扶梯在两旁设有跟梯级同步移动的扶手，供使用者扶握。电动扶梯可以是永远向一个方向行走，但多数都可以根据时间、人流等需要，由管理人员控制行走方向。另一种和电动扶梯十分类似的行人运输工具是自动人行道（Automatic Sidewalk）。两者的分别主要是自动人行道是没有梯级的，多数只会在平地上行走，或是稍微倾斜。

自动扶梯的结构：由梯路（变型的板式输送机）和两旁的扶手（变形的带式输送机）组成。其主要部件有梯级、牵引链条及链轮、导轨系统、主传动系统（包括电动机、减速装置、制动器及中间传动环节等）驱动主轴、梯路张紧装置、扶手系统、梳板、扶梯骨架和电气系统等。梯级在乘客入口处做水平运动（方便乘客登梯）后逐渐形成阶梯；接近入口处阶梯逐渐消失，梯级再度做水平运动。这些运动都是由梯级主轮、辅轮分别沿不同的梯级导轨行走来实现的。

自动扶梯的原理：自动扶梯的核心部件是两根链条，它们绕着两对齿轮进行循环转动。在扶梯顶部有一台电动机驱动传动齿轮以转动链圈。典型的自动扶梯使用100马力的发动机来转动齿轮。发动机和链条系统都安装在桁架中，构架是指在两个楼层间延伸的金属结构。与传送带移动一个平面不同，链圈移动的是一组台阶。自动扶梯最有趣的地方是这些台阶的移动方式。链条移动时，台阶一直保持水平。在自动扶梯的顶部和底部，台阶彼此折叠，形成一个平台，这样使得上、下自动扶梯比较容易。

自动扶梯上的每一个台阶都有两组轮子，它们沿着两个分离的轨道转动。上部装置（靠近台阶顶部的轮子）与转动的链条相连，并由位于自动扶梯顶部的驱动齿轮拉动。其他组的轮子只是沿着轨道滑动，跟在第一组轮子后面。

两条轨道彼此隔开，这样可使每个台阶保持水平。在自动扶梯的顶部和底部，轨道呈水平位置，从而使台阶展平。每个台阶内部有一连串的凹槽，以便在展平的过程中与前后两个台阶连接在一起。

除转动主链环外，自动扶梯中的电动机还能移动扶手。扶手只是一条绕着一连串轮子进行循环的橡胶输送带。该输送带是精确配置的，以便与台阶的移动速度完全相同，让乘用者感到平稳。

自动扶梯系统不像电梯那样能够使人上升几十层楼，但很适用于提供短距离运输，这是因为自动扶梯的高负载率。电梯满员后，必须等它到达指定楼层并返回后其他人才能上电梯。而在自动扶梯上，只要有一个人到达上层，就会为其他人腾出位置。

1. 当地铁电扶梯出现故障时，工作人员应该如何处理呢？
2. 设计应急演练，进行情景模拟。

任务五　2011年12月15日新加坡地铁设备故障事故

一、事故回顾

新加坡地铁（SMRT）15日晚发生通车24年以来最严重故障，南北线11个车站受影响，服务受阻5小时。由于事发时正值下班繁忙时间，加上车厢内照明及通风系统无法正常运作，部分乘客需要砸碎窗户透气，或摸黑在隧道中行走，情况十分混乱，至少两名乘客因晕倒或呼吸困难送院治疗。SMRT指出，受影响人数达12.7万人。

受影响的地铁站处于碧山站与滨海湾站之间，途经乌节购物区、莱佛坊金融区及政府大楼。因供电轨受损，4列南北线列车于傍晚6时50分左右停驶，虽然南行线经抢修后在晚上 9 时恢复运作,但北行线却瘫痪至深夜 11 时 40 分,期间救护车及其他紧急服务队伍均到场戒备。

事件导致数以千计乘客被困车厢达一小时。据称,停驶时车厢内照明及通风设施失灵,乘客只能靠手提电话灯光照明。他们批评车长反应刻板,无法解答乘客疑问,令气氛相当紧张。部分乘客干脆不顾安危,于伸手不见五指的隧道中步行至车站脱身。

其中一名被困乘客陈杰迪说:"没人知道究竟发生什么事,我前面的一名女子突然晕倒在地。几名男乘客于是将车门拉开,尝试让空气流通。"一列抢救列车在当时后赶到现场,花 10 min 将列车推到乌节路站,然后民防队员和乘客合力将车门拉开。

故障发生后,新加坡当局出动警员在车站维持秩序,同时安排公交车接送受影响乘客,然而月台只有"不准上车"的指示牌,并未交代列车服务已经停止,使月台乘客一度尝试涌入停驶的列车。

事发期间,SMRT 曾向集团旗下出租车发出信息,称有"赚钱机会",促使的士司机前往车站兜接乘客,令民众更加不满。SMRT 事后为此道歉。

此次故障是 SMRT 3 天内发生的第 2 起事故,根据记录,2011 年 1 月到 10 月间,当地地铁共发生 25 次超过 10 min 的延误。地铁公司称会组成专家小组调查成因,并容许受影响乘客退回车费。

二、原因分析

(1)根据新加坡陆路交通管理局和地铁运营商的初步调查显示,新加坡地铁南北线 15 日发生的供电轨受损可能是因为用于固定供电轨的抓钩脱落,从而造成供电轨下陷。

(2)故障发生后,相关人员未能采取及时有效的临时措施,来防止事态扩大。

三、知识链接

供电轨又叫第三轨,是指安装在城市轨道(地铁、轻轨等)线路旁边的,单独的用来供电的一条轨道。其与受流器(集电靴)配套工作,为轨道交通列车上面所有设备提供电力支持。材料一般由钢铝复合材料制成,由于机车列车的运行和前进需要两条走行轨,就是我们通常看到的那种铁轨,有平行的两根;但实际上机车供电需要一条单独的轨道来提供(区别于受电弓,通过高架接触电网实现供电),这种受电模式对应采用三轨受流器、集电靴等设备加以实现。第三轨供电在全球许多国家很早就有运用,目前在我国很多城市如北京、上海、广州等城市的地铁线路也均有采用。其中,我国第一条使用第三轨供电的地铁线路为广州地铁 4 号线。这种供电方式的优点:不影响城市景观,检修便捷,架设成本较低等。缺点:由于安装在地面,相对较危险,

项目八 设备不良引发的事故

对安检巡查要求较高，如有不慎可能造成人员伤亡。

任务拓展

你对 2011 年 12 月 15 日新加坡地铁设备故障事故有何感想？

任务六　2013 年 7 月 12 日巴黎城际列车脱轨事故

一、事故回顾

2013 年 7 月 12 日下午，在法国巴黎以南约 40 km 处的埃松省奥尔日河畔布里提尼火车站，一辆载有 370 名乘客的城际火车在进站时脱轨。脱轨列车高速冲入车站后断成两截，在 7 节出事车厢中，有 4 节车厢脱轨，其中 2 节车厢翻倒在轨道上，另外一节车厢倒在铁道和站台之间。事故造成 6 人死亡，数十人受伤。这是法国 25 年来最严重的铁路交通事故。

当地有关部门派出约 300 名消防队员、20 个医疗小组和 8 架直升机参与救援行动，共计 192 人接受救治。当地媒体说，受害者多被轧死或触电死亡，并且多数伤者是被火车的玻璃碎片击中受伤，其他受伤较轻的乘客正在事故发生地的附近医院接受治疗。

二、原因分析

2013 年 7 月 13 日，负责调查的法国国营铁路公司公布初步调查结果，事故可能由铁路道岔上一个松动破裂的钢制零部件引起。

法国国营铁路公司地面设施负责人说，12 日晚该公司对出事铁道进行初步查看分析，发现一个接通两条铁轨的钢制夹子断裂，并从槽上脱落，移位至铁路道岔中央，阻止火车车轮正常通过，可能因此造成火车脱轨。

法国媒体报道称，2013 年 7 月 4 日，涉事的铁路道岔刚刚通过安全检查。而且火车脱轨前半小时，另外一辆列车刚从同一条铁道上经过，没有出现意外情况。

法国国营铁路公司宣布，立即对全国铁路系统内 5 000 个类似部件进行检查。

法国交通部长认为，法国部分铁路设备陈旧过时。他说，国家对部分传统铁路线路的资金投入不够。

调查组排除了列车司机的操作失误因素。而且，外界还赞扬司机在车辆倾覆时及时发无线电和灯光告警，因而其他车辆停止行进，避免碰撞，防止可能发生更严重的事故。

三、知识链接

"脱轨"亦称出轨，是指列车在行进中车轮轮对脱离轨道，脱轨事故可造成铁路损坏或人员伤亡。脱轨情况非常复杂，除因线路破坏造成脱轨外，主是车轮横向力过大或垂向力减小引起的。另外，损坏或歪斜的铁轨、列车超速、列车或钢轮异状或是轨道上的阻碍物，都会造成脱轨。脱轨也可能发生在两个以上或多数列车相撞时。脱轨的列车很难复原，通常需要使用大型的铁路起重机将之摆回至轨道。脱轨的具体分类如下：

（1）爬上脱轨。

车辆低速通过曲线，且车轮与钢轨冲角为正值时，由于一侧轮重减小，侧向力增大，车轮的轮缘在滚动中逐渐爬上钢轨而引起的脱轨称为爬上脱轨。

（2）滑上脱轨。

车辆低速通过曲线，且车轮与钢轨的冲角为负值时，车轮在足够大的侧向力作用下，轮缘边旋转边滑上钢轨而造成的脱轨称为滑上脱轨。

（3）跳上脱轨。

车辆高速运行时，由于激烈的横向振动，或者由于车轮受到过大的侧向冲击力，使车轮跳上钢轨后脱轨，称为跳上脱轨。

（4）掉轨。

当车辆在不良线路上高速运行以及长大货车通过曲线时，由于轮轨之间过大的侧向力使得钢轨横向移动，引起轨距扩大，因而使车轮掉入轨道内侧，称为掉轨。

你对 2013 年 7 月 12 日巴黎城际列车脱轨事故有何感想？

参考文献

[1] 马子彦. 轨道交通运营事故案例分析[M]. 北京：北京交通大学出版社，2013.

[2] 交通运输部道路运输司. 国内外城市轨道交通事故案例评析[M]. 北京：人民交通出版社，2011.

[3] 吴晓. 城市轨道交通安全管理[M]. 北京：电子工业出版社，2017.

[4] 李宇辉，蒋玉琨. 城市轨道交通应急处理[M]. 北京：人民交通出版社，2011.

[5] 程钢，操杰. 城市轨道交通运营组织[M]. 成都：西南交通大学出版社，2010.

[6] 任萍. 城市轨道交通运营安全管理[M]. 北京：机械工业出版社，2015.

[7] 刘利莉. 城市轨道交通突发事件应急处理[M]. 北京：机械工业出版社，2017.

[8] 孟祥虎. 城市轨道交通应急处理[M]. 北京：人民交通出版社，2015.

[9] 连义平. 城市轨道交通安全管理[M]. 2版. 北京：中国铁道出版社，2015.

[10] 周芳芳. 城市轨道交通事故故障应急处置相关问题研究[J]. 技术与市场，2014，（08）：344.

[11] 康逢娇. 城市轨道交通突发中断客流疏散策略研究[D]. 兰州交通大学，2015.